LA BÊTE NOIRE
Robert Laffont

LES ONDES
Label dirigé par Camille Racine

L'AUTRICE

Clémentine Thiebault est journaliste indépendante, spécialisée en critique littéraire (polar) et reportages. Elle a été libraire, a fondé le site « Noir comme polar » en 2003 et cofondé l'association Les Habits noirs. Elle collabore à différents magazines et festivals, a coécrit *Polar. Le grand panorama de la littérature noire* (avec Mikaël Demets, La Martinière, 2013) et a, pour la presse, couru un marathon à Pyongyang, exploré le Bouzloudja, des ruines tangéroises et Sealand. En 2022, elle publie *En votre intime conviction*, son premier livre-enquête aux éditions Robert Laffont.

Clémentine Thiebault

VOYEUR !

Enquête sur un phénomène de société

LA BÊTE NOIRE
LES ONDES
Robert Laffont
Label dirigé par Camille Racine

LA BÊTE NOIRE

Ce titre a reçu le soutien du Centre national du livre

ISSN : 2431-6385
ISBN : 978-2-221-27058-5

Dépôt légal : avril 2024
Éditions Robert Laffont – 92, avenue de France, 75013 Paris

— ChatGPT, que peux-tu me dire sur le voyeurisme ?
— En tant qu'IA, je ne suis pas autorisée à encourager ou à promouvoir des comportements illégaux ou immoraux. Le voyeurisme est considéré comme un comportement déviant et illégal dans de nombreux pays. Cela implique l'observation ou l'espionnage de personnes sans leur consentement, ce qui peut causer de la détresse émotionnelle et psychologique aux victimes. Si vous avez des préoccupations ou des questions sur ce sujet, il est important de parler à un professionnel de la santé mentale qualifié ou à une organisation de soutien appropriée.

La scopophilie, scoptophilie ou pulsion scopique, est définie par Sigmund Freud comme le plaisir de posséder l'autre par le regard. Il s'agit d'une pulsion sexuelle indépendante des zones érogènes où l'individu s'empare de l'autre comme objet de plaisir qu'il soumet à son regard contrôlant.

Wikipédia

1

Un trou dans l'histoire

En France surtout, il y a deux types d'histoires. Celles qui finissent par un banquet et celles qui commencent par un dîner. Celle que je m'apprête à raconter ici, personne ne sait encore exactement où elle va finir, mais tout le monde a compris qu'elle a commencé autour d'une table amie, entre boissons et discussions. Je ne me rappelle plus exactement comment les échanges ont roulé vers ce sujet. Sans doute au détour d'une question sur des projets ou tout simplement sur des déplacements professionnels à venir. Mais le nom de cette ville béarnaise a innocemment été lâché : Pau. Préfecture du département des Pyrénées-Atlantiques, en région Nouvelle-Aquitaine (mais ce n'est pas le sujet), ville où, depuis quatorze ans, je me rends métronomiquement exercer la partie littéraire de mon métier de journaliste, chaque premier week-end d'octobre, à l'occasion d'Un Aller-Retour dans le noir, incontournable festival des littératures noires et policières. Une fidélité à laquelle je tiens. Effet de la centralisation (nous sommes alors attablés à Paris) ou conséquence de ma spécialisation (le polar reste un genre littéraire mal connu), c'est souvent le moment où je dois expliquer en quoi le centre du monde se déplace là-bas ce week-end-là, citer des noms d'auteurs que mes interlocuteurs ne connaissent pas toujours, décrypter la diversité du genre ou en expliquer l'importance littéraire.

Mais ce soir de septembre 2015, ce n'est rapidement plus le sujet, car il y a à table une autre personne qui connaît Pau. AnneCé s'y est rendue une fois, il y a déjà des années, mais s'en souvient encore. Elle me raconte alors pourquoi, avec le calme lumineux qu'elle a toujours, la force ligneuse qu'elle a conservée de ses années de danse, sur lesquelles elle s'apprête justement à revenir.

C'était en janvier 2001, me dit-elle. Sur le coup, elle ne sait plus la date exacte, il nous faudra chercher, recouper. Thierry Thieû Niang, danseur et chorégraphe, s'installe avec sa troupe, dont fait partie AnneCé, pour un mois de représentations au théâtre Saragosse. Deux danseurs (dont Thierry Thieû Niang), deux danseuses et une chanteuse lyrique sur les planches pour *Wanted ou profil bas*. Ils logent tous dans le même hôtel, modeste, mais proche du théâtre et du centre-ville. La vie en tournée s'organise, ils trouvent vite une routine, ils ont l'habitude. Jusqu'à ce soir où, prenant un bain (les journées de répétition exigent beaucoup du corps), Joddy, la chanteuse, éprouve un malaise diffus. Elle sent une présence, un regard. Quelque chose ne va pas. Elle tente d'abord de se raisonner, de mettre ça sur le compte de la fatigue, mais en vain. C'est alors que son œil inquiet se pose sur un trou dans le mur de la salle de bains. Une petite ouverture, plus ou moins circulaire, qu'elle n'avait pas remarquée jusqu'alors et derrière laquelle elle aperçoit un mouvement, un clignement. Elle sait, elle en est désormais certaine, que quelqu'un la regarde.

Joddy sort précipitamment de la baignoire, se couvre du mieux qu'elle peut avec ce qui lui tombe sous la main (sans doute une serviette), quitte la salle de bains puis sa chambre. Elle crie, ameute ses collègues. Joddy explique ce qui vient de se passer, même si ça peut sembler fou.

Regroupés dans le couloir, Clara, AnneCé et Christophe, les danseurs (on n'a pas trouvé Thierry sur le moment) tentent de calmer Joddy, essaient de comprendre. Pour la rassurer, ils proposent d'aller voir dans la salle de bains. Sidérés, ils ne peuvent que constater la présence d'un trou, qui n'a rien à faire là, petit, plutôt discret, mais indubitable.

Fébrilement, la troupe ausculte tout. Du sol au plafond. Les murs de la chambre, de chacune des chambres qu'ils occupent, du couloir. Et c'est un gruyère. L'hôtel est constellé de petites ouvertures, plus ou moins camouflées, mais toujours à hauteur du regard. Vers le lit parfois, la salle de bains, souvent, comme autant d'œilletons propres à un seul usage : voir sans être vu. L'hôtel est celui d'un voyeur.

On descend à la réception, on alerte la direction, on appelle la police, qui constate elle aussi le travail de termite dans les murs de l'hôtel et rassemble le personnel sans tarder. Les interrogatoires ne durent pas : l'un des cogérants avoue vite sa culpabilité. C'est bien lui qui, petit à petit, a discrètement percé toutes ces ouvertures, c'est bien lui qui « matait » Joddy, c'est bien lui le voyeur.

L'hôtel est évacué, fermé, bouclé jusqu'à nouvel ordre, la troupe relogée sans délai et le gérant « pris en charge ». Évidemment.

Et l'histoire pourrait s'arrêter là. S'il ne demeurait un nombre certain de questions. Une plainte a-t-elle été déposée ? Quelles ont été les suites judiciaires ? L'hôtel a-t-il rouvert ? Que fait la police ?

Et surtout, qui est ce type ? Autant de questions auxquelles AnneCé n'a pas de réponse. C'était il y a longtemps, il y a des choses qu'elle n'a pas sues, même à l'époque, ou dont elle ne se souvient plus. AnneCé ne danse plus, Joddy est repartie choquée aux États-Unis, d'où elle venait. On a tourné la page, tenté d'oublier cette forme de violence mal définie. Joddy surtout.

Moi je suis partie à Pau, comme prévu, avec ce cortège de questions laissées en suspens. Un cortège qui s'alimente presque tout seul dans ma tête. Cette histoire semble avoir allumé un truc. J'y pense. Je voudrais savoir, connaître la fin, comprendre. De quoi (me) parle cette histoire, qui concerne une pratique obscure entre déviance, tabou et scandale ? Il se passera encore du temps avant que je n'obtienne la réponse. Un an, presque jour pour jour, pour qu'un livre relance l'affaire dans mon esprit.

Le 3 octobre 2016 sort en France *Le Motel du voyeur*, de Gay Talese[1]. C'est pour moi une petite déflagration qui me renvoie brutalement à cette histoire paloise et à sa légion d'interrogations. Alors je le dévore et y trouve une première confirmation : les histoires de voyeurisme, comme celle-là, fascinent et obsèdent.

1. Gay Talese, *Le Motel du voyeur*, Éditions du sous-sol, 2016.

Voyeur !

Pourquoi une telle fascination ? Que faire de cette obsession ? Un article, parce que c'est souvent la solution ? Quoi qu'il en soit, il faut commencer à creuser.

2

Le livre qui étaie

Gay Talese est aujourd'hui un vieux monsieur de quatre-vingt-onze ans. Fils de tailleur italien, toujours tiré à quatre épingles. Costume trois-pièces, pochette et gilet, chapeau mou et souliers lustrés. Star du journalisme américain, considéré comme un des fondateurs du « nouveau journalisme », plume reconnue du *New York Times*, du *New Yorker* ou d'*Esquire*. Ses articles-fleuves ont fait de lui un ponte du journalisme littéraire. C'est un petit homme, qui pourrait sembler chétif, pourtant c'est un grand. Il a toujours l'œil qui frise et le sourire chaleureux, mais, étonnamment, il n'est pas sympathique. Sans doute à cause de la suffisance que lui ont conférée son succès et son élégance fabriquée. S'il est connu pour ses portraits (magnifiquement décalés) de héros américains comme Joe DiMaggio ou Frank

Sinatra, et un sens certain de la nostalgie, c'est avec la parution de *La Femme du voisin* que son succès éclate. Une enquête au cœur de l'éros et de la vie sexuelle des Américains, du puritanisme des années 1960 à la révolution sexuelle des années 1970, des salons de massage aux tournages de films pornographiques, des communautés libertines aux orgies hollywoodiennes, entre échangisme et clandestinité, libération des mœurs et décadence. Le livre fait l'effet d'une bombe et vaudra à son auteur une renommée certaine ainsi que, plus inattendu, une lettre anonyme qu'il reçoit le 7 janvier 1980.

Ayant entendu parler de votre étude très attendue sur la vie sexuelle des Américains de l'Atlantique au Pacifique qui sera publiée dans La Femme du voisin, *votre livre à paraître prochainement, je crois être en possession d'informations importantes qui pourraient vous être utiles [...] Je suis propriétaire dans la zone métropolitaine de Denver d'un petit motel de vingt et une chambres [...] La raison qui m'a poussé à acquérir ce motel était de satisfaire mes tendances voyeuristes ainsi que mon désir impérieux d'observer les différents aspects de la vie sociale et sexuelle des gens [...] J'ai fait cela poussé uniquement par ma curiosité sans limites à l'égard de la vie menée par tout un chacun, et pas seulement parce que je suis un voyeur dérangé. [...] Mon désir de mettre ces informations à votre disposition est avant tout motivé par la conviction que cela pourrait être utile aux autres en général, et aux spécialistes de la sexologie, en particulier.*

Gerald Foos (c'est son nom, il finira par le révéler au journaliste) est un homme marié, père de deux enfants. Avec l'aide de sa femme, il a découpé des ouvertures (de 15 centimètres sur 35) dans le plafond de douze des chambres du Manor House Motel (12700 East Colfax Avenue, Aurora, Colorado), les a couvertes de grilles d'aération faites sur mesure et s'est aménagé un indétectable poste d'observation dans le grenier. Les ouvertures étaient placées à la verticale du pied du lit, ce qui permettait « d'avoir une vue excellente de la chambre et aussi d'entendre les discussions sur différents sujets ». C'est pour lui un « laboratoire d'observation ». Le meilleur au monde pour scruter l'intime. Alors pendant quinze ans, tapi des nuits entières dans son grenier, Gerald, assisté de sa première épouse, puis de la deuxième[1], observe, note dans son journal, se masturbe (il garde toujours une serviette à portée de main).

1. L'une comme l'autre auront à cœur d'installer « les clients jeunes et beaux dans une des chambres "avec vue" par égard pour lui ». Toutes deux le rejoindront parfois au grenier. Pour regarder elles aussi, faire l'amour avec lui ou lui apporter un sandwich ou un Coca quand il oublie les heures qui filent.

Cet accomplissement me faisait éprouver un sentiment de puissance et d'exaltation incroyable. J'avais réussi ce que d'autres avaient rêvé de faire et le sentiment d'être d'une intelligence supérieure m'envahit. On n'a qu'une seule vie, et je venais de réaliser mon rêve grâce à une détermination sans faille.

Il observe des couples hétérosexuels blancs ou noirs, des couples interraciaux, des homosexuel·le·s, des trios, des ébats « de groupe ». Il mesure, soupèse, estime, parle de « sujets », quantifie, peste quand la fumée de cigarette passe à travers la grille d'aération pendant qu'il mate ou quand les chiens, trop souvent, souillent la moquette. En 1973, son journal révèle ainsi qu'il a observé deux cent quatre-vingt-seize clients sexuellement actifs, dont cent quatre-vingt-quinze Blancs hétérosexuels avec une prédilection pour la position du missionnaire, trente-six Noirs hétérosexuels, dix lesbiennes blanches, sept homosexuels blancs, dix personnes ayant des pratiques sexuelles interraciales et quinze des pratiques sexuelles « aberrantes ». Comme ce type qui urine dans le verre de bourbon de sa partenaire quand elle part aux toilettes et l'invite ensuite à trinquer (hum, il est bon ce bourbon, hein, dis ?) ; celui qui se déguise en chèvre et bêle pour exciter son « biquet » (en commentaire, Foos indiquera généreusement que cela ne relève pas de la perversion mais du jeu, les deux adultes étant consentants) ; celui dont la valise ne contient que des habits de femme qu'il enfile avant de sortir ; ou encore, celui qui, marié, entretient des relations avec des ours en peluche (pas la peine de rentrer dans les détails). Pour cette seule année 1973, il dénombre cent quatre-vingt-quatre orgasmes masculins, trente-trois orgasmes féminins (mais les femmes sachant simuler, c'est peut-être moins), sans s'émouvoir plus que ça de la signification d'un décalage aussi abyssal.

En 1974, ses observations sur trois cent vingt-neuf clients sexuellement actifs sont conformes à celles de l'année précédente. Excepté pour la pratique de la fellation, qui passe chez les couples hétérosexuels (et blancs) de 12 à 44 % – croissance imputable au succès du film *Gorge profonde* –, et une nette augmentation des rapports sexuels interraciaux.

Au fil des années, il quantifie, calcule la fréquence de l'activité sexuelle de ses sujets, établissant des règles générales à partir d'observations menées sur un (trop) court laps de temps. Il empile, compile. Confesse avoir assisté à des vols, trafics, viols, incestes, actes de zoophilie, des morts et au moins un meurtre. Sans jamais intervenir.

Il avoue ressentir occasionnellement une certaine frustration : « Il y a des moments où c'est dur d'être Voyeur car on ne peut pas toujours assouvir son désir. »

Mais plus souvent c'est de l'ennui qu'il se plaint, car les gens ne font rien. Ils fument, regardent beaucoup la télé, lisent, ferment la porte de la salle de bains quand ils se lavent, éteignent la lumière quand ils font l'amour, dorment. Souvent les nuits du voyeur ne sont faites que d'observation ennuyeuse et d'attente interminable. Finalement, « personne n'est aussi sous-rémunéré qu'un voyeur pour ses heures de travail », note Talese. Mais Foos tient bon, ne détourne (presque) jamais le regard. Parce qu'il n'y a qu'à son poste d'observation qu'il se sent « bon à quelque chose ».

Il épie des gens seuls qui se masturbent (les hommes plus que les femmes, note-t-il[1]), des gens malheureux, tristes, préoccupés ou fatigués. Des couples mal assortis, des prostitué·e·s et leurs client·e·s. Ou encore les petits gestes quotidiens de qui ne se sait pas observé. « Toutes les façons

1. Et d'ajouter, on ne sait pas très bien sur quelle base que « les femmes ont tendance à se masturber surtout parce qu'elles sont déprimées. Les hommes se masturbent pour la jouissance purement physique ».

imaginables de se positionner par rapport au siège des toilettes » ont ainsi été consignées.

Foos parle de lui à la troisième personne (et avec une majuscule, s'il vous plaît) dès qu'il s'agit de ses « activités » et se présente comme un bienfaiteur : « Les tabous. Les secrets. Les diables et les démons. L'inconnu qu'est le monde du sexe. La curiosité. Il faut que quelqu'un se voie déléguer la responsabilité d'affronter ces existences tangibles et en parle aux autres. Telle est l'essence du Voyeur. »

Mais la tâche est rude au bon artisan : « Je suis totalement dégoûté de devoir porter seul le fardeau de ce que j'observe. » Le Voyeur fatigue et déchante. Il perd foi en l'humanité, les gens n'étant jamais en privé ce qu'ils prétendent être en public :

Je me suis demandé pourquoi il est pour eux si impératif de garder le secret absolu sur leur vie privée si pitoyable et de ne jamais rien laisser transparaître. C'est le « triste sort du genre humain », et je suis sûr que si toute la misère de l'humanité était spontanément rendue publique au même moment, cela risquerait d'entraîner un génocide de masse.

Il ferme boutique, vend son motel et prend sa retraite. Finie, la bamboche ! Il attendra pourtant encore dix-huit ans avant d'accepter que Talese raconte son histoire (il pense qu'il y a désormais prescription), et révèle son identité (c'était une condition *sine qua non* pour le journaliste). « J'espère qu'on ne dira pas de moi que je suis un pervers, un voyeur. Je me vois comme un chercheur sur la sexualité, un pionnier. »

3

L'appel de la fenêtre

Comme le rappelle *Voyeur*[1], un documentaire étrangement atone sorti en 2017 sur Netflix, l'histoire de Gerald Foos a fait des vagues, mais pas forcément dans le pédiluve attendu.

Le Motel du voyeur a à peine le temps de récolter le scandale qu'il mérite qu'on soupçonne déjà Gerald Foos d'avoir tout inventé. D'abord, un journaliste du *Washington Post* pointe un certain nombre d'incohérences dans les dates du récit. Ainsi l'acte d'achat du motel date de 1969, alors que les premières entrées du journal de Foos datent de 1966. De même, la date de revente du motel est antérieure à la fin du journal. Foos s'en expliquera en disant qu'il avait revendu le

1. Documentaire de Myles Kane et Josh Koury, sorti aux États-Unis en 2017.

motel à des amis qui lui permettaient de continuer à venir dans le grenier. De l'incohérence chronologique du début, rien.

Et puis il y a cette histoire de meurtre auquel Foos dit avoir assisté depuis son poste d'observation. Ce dealer qui pense que sa compagne a volé la drogue qu'il a cachée dans la chambre. Elle seule connaissait la cachette, croit-il. Il ne peut pas deviner qu'ils sont observés et que le voyeur a décidé, pour une fois, d'intervenir en jetant l'intégralité de la came dans les toilettes dès qu'ils ont eu le dos tourné. Le dealer tabasse sa complice pour lui faire avouer, l'étrangle et quitte le motel en la laissant pour morte. Tétanisé dans son grenier, Foos vérifie de loin qu'elle respire toujours (« J'ai vu sa poitrine se soulever »), mais il ne fait rien et regagne directement la réception. C'est la femme de chambre qui trouvera le corps le lendemain matin. Le meurtre ne sera jamais élucidé. Si l'épisode n'est pas glorieux pour le voyeur, le fait qu'il le raconte dans son journal ne suffit pas à l'avérer. Talese fera quelques recherches, sans succès. Le journaliste du *Washington Post*, lui, en fera plus et confirmera que le meurtre a bien eu lieu, mais dans un autre motel… Le plus grand voyeur du monde serait-il un affabulateur ? Talese se serait-il fait rouler dans la farine ?

Ce dernier se défend. S'il reconnaît que Foos s'est par endroits avéré fantaisiste et peu fiable dans sa narration, il assure que le motel a bien existé (même s'il est aujourd'hui démoli), il l'a même visité quand il est allé rencontrer Foos dans le Colorado. Il est monté au grenier, a regardé par une des ouvertures. Il a même failli trahir leur présence en laissant pendre le bout de sa cravate rouge entre deux ailettes de la grille.

Invité du voyeur, il devenait son complice. « Malgré la petite voix insistante dans ma tête qui me disait de détourner le regard, je continuai à observer la jeune femme svelte occupée sur son partenaire et penchai la tête plus loin en avant à la recherche d'un meilleur angle. » Mais c'est là sa méthode. Il a fait de même pour *La Femme du voisin*. Un vrai journaliste doit savoir se mouiller, même s'il doit participer à des orgies ou monter dans le grenier du voyeur.

Mais le torchon brûle entre les deux hommes. D'une part, la polémique enfle à propos de la fiabilité de Foos, ce qui met Talese en difficulté. Il ira jusqu'à renier son livre avant de pouvoir trouver les preuves qui conforteront son enquête. D'autre part, la presse et le public s'intéressent de près au rôle de Talese dans cette affaire et le voyeur commence à trouver que le journaliste lui fait de l'ombre.

Le voyeur et le journaliste doivent donc se réconcilier : c'est l'objet de *Voyeur*. Ce documentaire, qui donne à voir les rouages de l'enquête trouble de Talese, place le voyeur dans la position de celui qu'on épie. Face caméra, Foos essaie de justifier sa démarche auprès d'un journaliste : « Je sais qu'on va me traiter de pervers, de sale menteur, mais il fallait que j'en parle à quelqu'un. J'allais pas emporter mon secret dans la tombe. » Talese, lui, se contente d'acquiescer ici ou là, souvent en plan de coupe, comme s'il avait hâte d'en finir. Il confesse s'être intéressé à cette histoire de voyeur parce qu'il en était un lui-même : en tant que journaliste, il épie les gens. Mais, tout en faisant mine de se reconnaître dans l'ancien propriétaire du Manor House Motel, qui se dit son ami, il souligne en fait l'abîme qui les sépare : quoi qu'il ait pu en dire, les motivations de Foos n'ont jamais rien eu de professionnel. Et, contrairement au voyeur, dont tout le plaisir tient au fait que sa victime ne se sait pas regardée, le journaliste, lui, a besoin du consentement de ceux et celles qu'il observe : « La plupart des journalistes sont d'incorrigibles voyeurs traquant les verrues qui enlaidissent le monde, les imperfections des gens et des lieux. Si ce n'est que les gens que j'avais observés et qui étaient l'objet de mes reportages m'avaient donné leur consentement. »

Foos, lui, souvent accompagné de sa femme, qui parle peu, continue à se raconter. Ses premiers pas à la ferme familiale, quand il espionnait sa tante qui vivait en face de chez eux. Cette « force mystérieuse » qui s'est emparée de lui dès son jeune âge. Ce qu'il nomme l'« appel de la fenêtre ».

Au fil des années, il a observé entre deux mille et trois mille personnes, même si ce n'est pas « comme dans *Gorge profonde*, du porno hard. On voit du sexe mais pas aussi souvent qu'on le pensait ». « C'est de l'effort et du temps et on en a rarement pour son argent. »

Croyant sans doute que cela le dédouane, Foos tient à préciser qu'il a observé « des centaines de clients depuis qu'[il] possède le Manor House, et aucun d'entre eux ne l'a jamais su » et « [son] voyeurisme était sans danger, parce que ses clients ne se rendaient compte de rien et le but n'était ni de coincer ni de piéger quiconque, ou de réunir des preuves en vue d'une inculpation ». Bref, il n'y a pas de mal.

Et puis il le répète à l'envi, presque tous les hommes sont des voyeurs et « le plus grand de tous est le gouvernement, qui garde un œil sur votre quotidien à travers les caméras de sécurité, Internet, vos cartes de crédit, vos relevés bancaires, vos téléphones portables [...], les écoutes téléphoniques et tout le reste ». Bref, on ne peut pas faire confiance.

Talese n'étant pas n'importe qui, on l'aura compris, en France, son livre fera un bout de chemin solide, mais finalement assez nonchalant (en grand format puis en poche comme il se doit). Ce que rappelle sans le vouloir le documentaire qui met surtout en scène la polémique américaine (autour de la fiabilité de la source). Peut-être parce que les deux protagonistes sont en charge d'incarner leur sujet face caméra, d'endosser leurs rôles pour un duel (mal) orchestré par l'image, l'affaire menace de tourner à la chicane de bonshommes et de miter la trame de l'affaire, de confisquer le sujet. Le livre est celui de Talese, l'histoire celle de Foos. Aucun ne parvient finalement à vraiment dépasser ce cadre, chacun restant consigné dans son rôle. Talese devait faire de Foos un voyeur emblématique permettant de lever un bout de voile sur un sujet empiriquement escamoté et semble s'être fait rattraper par des enjeux personnels.

Je me dis qu'il est temps que je tente de me confronter au mien, de voyeur, pour essayer de comprendre. Mais le sujet va s'avérer glissant, fuyant et incertain. Sans compter qu'il n'y a pas grand-chose de plus difficile à débusquer qu'un voyeur.

Comme s'il semait un indice sans le vouloir, Talese conclut d'ailleurs ce documentaire qui ressemblait de plus en plus à une corvée pour lui d'un « de toute façon, comme voyeur dans son motel, Foos était passé de mode ». Désormais on regarde du porno à la chaîne (spécialisée). On filme et on diffuse.

Éclat de voix

« Il veut connaître le frisson d'ouvrir une lettre sans la détruire, d'en extraire le contenu sans offenser personne, de voir sans être vu. Il savoure tout autant la conquête que la victoire.
Les journées trop faciles, comme celle qui semblait se profiler, l'irritent au plus haut point. Le déprimment, même, en le faisant douter de l'intérêt de protéger sa vie secrète, car en fin de compte, tout le monde se fiche bien de ses cachotteries. »

J. Robert Lennon, *Mailman*

4

Le champ des fouilles

Avant de faire mes valises pour aller traîner dans un pays où il semble qu'on se nourrisse exclusivement de viande, j'entame mes recherches à distance. Sur « mon » affaire en premier lieu. Sur Internet. Ne trouvant rien, j'élargis le champ des fouilles aux annales des faits divers (y compris papier) et me heurte à un premier constat troublant : si la presse de l'époque des faits (de toutes les époques, d'ailleurs) regorge d'histoires à superlatifs qui ne craignent ni le sang ni la déviance ni les fluides corporels divers, il n'y est que très rarement fait mention de voyeurisme. Meurtres, enlèvements, vengeances, catastrophes, sauvetages, accidents, tragédies, affaires de mœurs, prostitution, chantages, perversions, violences sexuelles beaucoup, exhibitionnistes parfois, tout, mais point de voyeurs.

Tout juste une petite mention dans les mémoires d'un ancien patron du 36, quai des Orfèvres[1], racontant ses années à la brigade mondaine, cette police qui, justement, « colle son œil dans le trou de la serrure », « ce service mythique aux premières loges de l'évolution des mœurs, au courant de tout ». Une seule mention donc au milieu d'un fatras de porno clandestin, d'ouvrages interdits, de partouzes et de scandales, de « ballets roses », de *backrooms*, de cabarets, de nuits à Pigalle, d'hôtels borgnes et de bordels de luxe : la discrète spécialité au cœur d'un établissement coquet, la chambre des délices, le clou de la visite. « Au fond de la chambre, à gauche, il y a une grande glace, une confortable chaise est placée devant. » Le jeune flic a compris, il s'agit d'une pièce spéciale pour voyeur. La taulière lui enjoint d'en profiter, « c'est gratuit ». Il raconte, alors : « Au bout de quelques minutes, un couple entre dans la pièce à côté. À travers la glace, sans tain, je suis aux premières loges. [...] Lui est énorme, son ventre recouvre quasiment son "instrument". Elle est maigrichonne et sans grâce. Mais c'est une pro et elle n'oublie pas d'en donner aussi pour son argent au voyeur qu'elle sait là, derrière la glace. Deux clients pour le prix d'un, des cris

1. Claude Cancès, *L'ancien patron du 36, quai des Orfèvres raconte la brigade mondaine*, Pygmalion, 2014.

et des grimaces de femme excitée pour chacun. » Face à ce spectacle imposé, le flic sort au bout de quelques minutes, nauséeux, avant de comprendre qu'on l'y avait collé pour se débarrasser momentanément de lui. Fin de partie.

Alphonse Boudard, qui se fait historien des maisons de tolérance dans *La Fermeture*[1], explore le *Guide rose* en main les claques, des maisons d'abattage aux bordels haut de gamme. Il ne fait lui non plus du voyeurisme pas beaucoup plus qu'une mention : la fonction de police. « Dans certaines de ses taules, on s'offrait des jetons de mate derrière les glaces sans tain. Elles étaient réservées aux clients voyeurs, à quelques amis du taulier et, bien entendu, à ces messieurs de la mondaine qui prenaient des notes, des clichés, etc. Grâce aux maisons, ils connaissaient les moindres déviations de leurs contemporains. Ils tenaient des fiches toutes bien rangées, dans ce qu'ils appelaient leur *armoire rose*. »

Pourquoi la pratique du voyeurisme qui irrigue pourtant l'imaginaire érotique, reste-t-elle tellement dans l'ombre, tant dans la littérature sensationnelle, croustillante que judiciaire ? Il me faut donc repréciser l'objet pour tenter de sortir de cet angle mort.

1. Alphonse Boudard, *La Fermeture,* Robert Laffont, 1986.

Le voyeurisme, dans son acception la plus courante, consiste à observer la nudité ou le comportement sexuel d'autrui et à en éprouver une excitation sexuelle. Pour le dictionnaire Larousse, c'est plus précisément une « tendance à se repaître de la souffrance et des malheurs d'autrui ». Exemple : filmer la misère sans voyeurisme. Une autre acception, péjorative et moins spécialisée, en fait, toujours selon le Larousse, « un trouble de la sexualité consistant à épier autrui à son insu dans des conduites impliquant l'intimité (rapports sexuels, toilette, défécation, miction) ».

Le Robert définit quant à lui le voyeur comme une « personne qui assiste pour sa satisfaction et sans être vue à une scène érotique ». Parmi les synonymes proposés par ce dictionnaire, certains semblent minimiser la gravité de la chose : « mateur » (argot), « regardeur » (vieux) ou tout simplement « curieux », « spectateur ».

Selon le point de vue médical, qui est celui du *DSM* (*Diagnostic and Statistical Manual of Mental Disorders*[1]), le voyeurisme est un trouble de la sexualité. En général, le voyeur ne recherche

1. *Manuel diagnostique et statistique des troubles mentaux* (ou simplement *DSM* quand on est pressé), ouvrage de référence publié par l'Association américaine de psychiatrie décrivant et classifiant les troubles mentaux, largement utilisé, régulièrement critiqué, épisodiquement mis à jour. On en est au *DSM-5-TR* (2022).

pas le contact avec la victime. Il se masturbe en observant sa cible ou, ce qui est plus fréquent, plus tard en se remémorant la scène observée. Ce n'est que lorsque ce comportement problématique perdure que les experts y voient une paraphilie[1].

En ce qui concerne notre enquête, trois éléments principaux sont donc à retenir pour définir le voyeurisme : la nature subreptice de l'observation, la nature privée et intime des actes observés et l'excitation, voire la satisfaction, sexuelle, qui accompagne l'observation.

---

1. Fantasmes, pulsions ou comportements sexuels entraînant une souffrance ou une altération clinique au niveau social, professionnel ou fonctionnel.

5

Ce que dit la loi

Si je tape « voyeurisme » et « loi » dans mon moteur de recherche, je tombe en première occurrence sur le site du gouvernement du Canada[1], qui, en 2021, réfléchit à inscrire le voyeurisme au Code criminel comme infraction. Pour cela, une consultation publique est organisée. Voici certaines des questions posées à la population :

— *Comment conviendrait-il de définir le voyeurisme criminel ? […]*
— *Y a-t-il lieu de prévoir un ou plusieurs moyens de défense en matière d'infractions de voyeurisme criminel ?*
— *Y a-t-il lieu de prévoir un ou plusieurs moyens*

1. Document du 7 septembre 2021 consultable en ligne sur https://www.justice.gc.ca/fra/cons/voy/index.html

de défense en matière de distribution de matériel voyeuriste ?

— *Convient-il d'imposer à ces moyens de défense certaines restrictions ? [...]*
— *Les peines applicables au voyeurisme criminel par enregistrement devraient-elles être plus sévères que les peines prévues pour le voyeurisme criminel par observation ?*
— *Les peines applicables à la distribution de matériel obtenu par le biais du voyeurisme devraient-elles être plus sévères que les peines prévues en cas d'observation ou d'enregistrement*[1] *?*

Dans la tentative de définition du voyeurisme que propose ce document de consultation, il est précisé que :

— *Les voyeurs manifestent aussi en général d'autres comportements sexuels déviants, le plus souvent l'exhibitionnisme ou les attouchements non consensuels.*
— *Certains travaux de recherche*[2] *donnent à penser que le voyeurisme constitue une phase relativement précoce d'un continuum de désordres*

1. https://www.justice.gc.ca/fra/cons/voy/questions.html
2. Voir R. Karl Hanson et Andrew Harris, "Voyeurism : Assessment and Treatment", in D. Richard Laws et William T. O'Donohue (eds.), *Sexual Deviance : Theory, Assessment and Treatment*, The Guilford Press, 1997.

sexuels qui peuvent progressivement devenir de plus en plus coercitifs et importuns.

— *Environ 20 % des voyeurs ont commis au moins une agression sexuelle ou un viol.*

— *Des recherches en psychiatrie démontrent que la plupart des crimes sexuels sont commis par des hommes et que les victimes sont presque toujours des femmes ou des enfants*[1].

Sur ce dernier point, le document renvoie aux commentaires d'un juge dans une affaire d'agression sexuelle[2] : « Il ne faut pas oublier que l'agression sexuelle est une infraction très différente des autres types de voies de fait. Il est vrai que, comme toutes les autres formes de voies de fait, elle est un acte de violence. Elle est toutefois plus qu'un simple acte de violence. Dans la grande majorité des cas, l'agression sexuelle est fondée sur le sexe de la victime. C'est un affront à la dignité humaine et un déni de toute notion de l'égalité des femmes. »

De la réalité de cette situation ressortent clairement des statistiques qui démontrent que 99 %

---

1. Voir le rapport d'avril 1992 du ministère de la Justice du Canada intitulé *L'Égalité des sexes dans le système de justice au Canada. Document récapitulatif et propositions de mesures à prendre*.

2. Cote du dossier : r. c. osolin (1993), 86 C.C.C. (3d) 481 (C.S.C.).

des contrevenants dans les affaires d'agression sexuelle sont des hommes, et que 90 % des victimes sont des femmes.

— *Un autre trait caractérise le voyeurisme comme sous-groupe de la catégorie des paraphilies est le nombre d'actes de déviance* par *individu. Ainsi, dans une étude*[1] *portant sur 411 hommes, 13 % (soit 62 individus) ont reconnu être voyeurs et avoir commis 29 090 actes de voyeurisme visant 26 648 victimes.*
— *À l'instar de personnes souffrant d'autres types de désordres sexuels, le voyeur n'éprouve en général aucune empathie pour sa victime et éprouve en outre une diminution de ses propres capacités affectives qui l'éloignent de ses propres émotions et de la possibilité d'entretenir une relation intime.*
— *Le risque de récidive est comparable à celui des autres types d'infractions sexuelles.*

Bref, à en croire ce document du gouvernement canadien, le voyeur est un délinquant sexuel comme les autres, et c'est presque toujours un homme.

1. Gene G. Abel et Joanne-L. Rouleau, « The Nature and Extent of Sexual Assault », *in* W. L. Marshall (dir.), *Handbook of Sexual Assault. Applied Clinical Psychology*, Springer, 1990.

Arrivée à ce stade, je réalise que le seul voyeur documenté auquel j'ai pour l'instant eu accès est américain (celui de Talese) alors que le mien se cache toujours et que le premier développement judiciaire référencé en ligne sur la question est canadien. Cela me rappelle un constat que j'avais fait à l'occasion d'un papier à l'époque où je pigeais pour *Flush*, un magazine de société (récemment disparu) qui avait l'audace de placer les WC au centre du monde pour mieux explorer les questions liées à l'intimité. Après un article sur les toilettes en Corée du Nord – ou comment sous ce régime totalitaire, l'abolition de l'individualité se répercute jusque dans les (petits) coins –, un autre sur les différents usages (et équipements) des toilettes en RDA et en RFA au moment de la chute du Mur, un troisième sur ce que l'absence de toilettes publiques à Tanger a de politique, progressivement, mon exploration de la géopolitique des lieux d'aisances a progressivement glissé (sur les encouragements de ma rédactrice en chef) vers celle des pratiques sexuelles spécialisées et des déviances. À moi désormais les *serial poopers* (littéralement, « chieurs en série »), les sexomniaques, les ABDL (*Adult Baby Diapers Lovers*, qui aiment se travestir en bébé et se comporter comme tel – un pan méconnu du spectre BDSM), les *unwashed*, les sologames ou les autosexuels, autant de réalités spécifiques (voire de niches) qui, pour la plupart, ont un point commun : elles sont nées, ou du moins elles ont été nommées aux États-Unis, le pays qui a inventé le *serial killer*. D'où ma question d'alors, qui me revient aujourd'hui : les États-Unis auraient-ils une capacité hors du commun à catégoriser les actes déviants ou criminels à répétition comme l'est le voyeurisme ? Et, de fait, qu'en dit notre système judiciaire français ?

Si je tape « voyeurisme », « loi » et ajoute « France » à ma requête, je tombe sur la définition suivante : « Le voyeurisme est défini par l'article 226-3-1 du Code pénal. Il s'agit d'un article créé par la loi du 3 août 2018 renforçant la lutte contre les violences sexuelles et sexistes. Cette loi a également créé l'infraction d'outrage sexiste. Le voyeurisme est un délit passible d'un an de prison et 15 000 euros d'amende[1]. »

En France, le voyeurisme est donc reconnu comme un délit pénal depuis assez peu de temps (2018), circonscrit par un article du livre II (des « crimes et délits contre les personnes »), titre II (des « atteintes à la personne humaine »), section 1 (de l'« atteinte de la vie privée »), du chapitre VI (des « atteintes à la personnalité ») du

1. www.legifrance.gouv.fr/code

gros livre rouge, sous la dénomination d'« atteinte à l'intimité de la personne ».

Cet article définit précisément le délit de voyeurisme comme « Le fait d'user de tout moyen afin d'apercevoir les parties intimes d'une personne que celle-ci, du fait de son habillement ou de sa présence dans un lieu clos, a caché à la vue des tiers, lorsqu'il est commis à l'insu ou sans le consentement de la personne, est puni d'un an d'emprisonnement et de 15 000 euros d'amende ». Peine qui passe à deux ans d'emprisonnement et 30 000 euros d'amende lorsque les faits sont commis :

— *Par une personne qui abuse de l'autorité que lui confèrent ses fonctions ;*
— *Sur un mineur ;*
— *Sur une personne dont la particulière vulnérabilité, due à son âge, à une maladie, à une infirmité, à une déficience physique ou psychique ou à un état de grossesse, est apparente ou connue de leur auteur ;*
— *Par plusieurs personnes agissant en qualité d'auteur ou de complice ;*
— *Dans un véhicule affecté au transport collectif de voyageurs ou dans un lieu destiné à l'accès à un moyen de transport collectif de voyageurs.*
— *Et lorsque des images ont été fixées, enregistrées ou transmises.*

Les exemples donnés pour illustrer l'infraction se réfèrent principalement au voyeurisme dans les cabines d'essayage (les toilettes publiques sont aussi concernées) ou aux personnes filmant sous les jupes des femmes avec leur portable, notamment dans les transports en commun.

Il apparaît donc évidemment que le voyeurisme relève bien de la grande et triste famille des violences sexuelles et sexistes. Pourtant, le site d'information sur les violences sexuelles[1], qui détaille l'évolution de la loi sur ce délit indique que le terme même de « voyeurisme » n'apparaît pas dans le texte de loi. La mention est lapidaire, mais inscrite en rouge.

---

1. https://violences-sexuelles.info/

6

Ce que ne dit pas la loi

On le sait, le droit possède une langue propre, pleine de formules étranges au sens souvent peu perméable au profane, qui pourrait (hâtivement) la juger alambiquée, voire un brin amphigourique. Un monde particulier, au langage à la fois précis et technique, doublé d'une dimension philosophique tenue d'intégrer l'esprit de la loi. La lettre et l'esprit de la lettre, entre technicité et symbolique.

Or ici, détail troublant, l'acte défini par l'article de loi n'est pas nommé.

Partout ailleurs, comme sur le site gouvernemental consacré à la lutte contre les violences sexuelles[1], le voyeurisme est nommé, et défini par les termes mêmes de l'article du Code pénal, qui pourtant ne le mentionne pas. Le voyeurisme

1. https://arretonslesviolences.gouv.fr

est donc reconnu, sur ce site gouvernemental du moins, comme faisant partie des violences sexuelles qui « recouvrent les situations dans lesquelles une personne impose à autrui un ou des comportements, un ou des propos (oral ou écrit) à caractère sexuel. En d'autres termes, ils sont subis et non désirés par la victime. Elles sont l'expression de la volonté de pouvoir de l'auteur sur la victime ». Ces violences « portent atteinte aux droits fondamentaux de la personne, notamment à son intégrité physique et psychologique » et elles sont « interdites par la loi et sanctionnées pénalement ».

À présent certaine que le voyeurisme est bel et bien reconnu comme une violence sexuelle et que, comme pour toutes les violences sexuelles, les victimes sont majoritairement des femmes, je décide de continuer mon enquête auprès de quelqu'un qui soit parfaitement au fait de la question des violences faites aux femmes. Je me tourne alors vers Maryvonne Chapalain, qui, bien qu'aujourd'hui à la retraite, reste toujours active sur le terrain de la lutte contre les violences faites aux femmes. Elle ne semble pas du genre à lâcher.

En 2005, Maryvonne Chapalain est commandant de police et se joint à Karine Lejeune, colonelle de gendarmerie, à la délégation aux victimes au sein du ministère de l'Intérieur. Dans cette structure commune police-gendarmerie, les deux femmes se lancent dans une mission d'évaluation de la politique de prévention et de lutte contre les violences faites aux femmes. Elles commencent donc par compulser les différentes sources disponibles et par les recouper : la presse, les rapports, l'« état 4001 » (outil de la gendarmerie d'enregistrement des crimes et délits), le fichier du Stic (système de traitement des infractions constatées de la police). À partir de cela, elles vont catégoriser et chiffrer les violences faites aux femmes, dans la première grande étude sur ce sujet précis. Étude désormais rééditée tous les ans, qui révélera qu'en France une femme meurt tous les trois jours sous les coups de son conjoint.

Soudain, face à toutes ces violences, je suis assaillie par le doute : mon sujet d'enquête me semble rétrécir, comme s'il s'agissait d'une composante un peu dérisoire du problème. Comme s'il n'était pas légitime de raccorder le voyeurisme à la question des violences faites aux femmes. Mais Maryvonne, qui pourtant en a vu d'autres, me confirme l'intérêt de mon enquête. Et, peut-être pour souligner que les choses évoluent (un peu), attire mon attention sur la modification de l'article 226-1 (atteinte à la vie privée), en vigueur depuis le 1er août 2020, par loi n° 2020-936 du 30 juillet 2020 (article 17), qui met l'accent sur la dernière circonstance aggravante reconnue par la loi n° 2018-703, à savoir le fait de filmer, d'enregistrer et de transmettre des images à l'insu de la personne concernée. La peine d'un an d'emprisonnement s'accompagne désormais de 45 000 euros d'amende, dès lors qu'on s'est volontairement rendu coupable de porter atteinte à l'intimité de la vie privée d'autrui :

1. En captant, enregistrant ou transmettant, sans le consentement de leur auteur, des paroles prononcées à titre privé ou confidentiel ;
2. En fixant, enregistrant ou transmettant, sans le consentement de celle-ci, l'image d'une personne se trouvant dans un lieu privé ;
3. En captant, enregistrant ou transmettant, par quelque moyen que ce soit, la localisation en temps réel ou en différé d'une personne sans le consentement de celle-ci.

Lorsque les actes mentionnés ci-dessus ont été accomplis « au vu et au su des intéressés sans qu'ils s'y soient opposés, alors qu'ils étaient en mesure de le faire, le consentement de ceux-ci est présumé ». Et lorsque ces actes ont été « accomplis sur la personne d'un mineur, le consentement doit émaner des titulaires de l'autorité parentale ». Enfin l'article modifié précise que le fait d'être « le conjoint ou le concubin de la victime ou le partenaire lié à la victime par un pacte civil de solidarité » est une circonstance aggravante : les peines sont alors portées à deux ans d'emprisonnement et à 60 000 euros d'amende. Cette loi, donc, précise la nécessité absolue du consentement, renforce le champ privé et dit (sans le dire) qu'il est encore plus grave de filmer que de mater.

Je ne sais pas si le voyeur de l'hôtel de Pau filmait, lui, mais il me semble que la mise en œuvre de son dispositif d'observation sans consentement au sein d'un hôtel c'est-à-dire d'un lieu clos, devrait compter quand même comme une circonstance accablante.

Au cours de notre discussion, Maryvonne, mon seul témoin capable de lire les lois jusque dans les interlignes (mon seul témoin tout court d'ailleurs) insiste aussi sur le fait que le voyeurisme est une violence sexuelle à part entière. Il est aussi bien souvent annonciateur d'autres comportements déviants plus graves encore. Le voyeurisme seul fait rarement l'objet de procédures. « De toute ma carrière, je n'ai jamais eu de procédure pour voyeurisme. Ce sont souvent des affaires envoyées devant le délégué du procureur pour éviter d'aller devant un tribunal, qui sont majoritairement classées, éventuellement avec obligation de soins[1].

1. L'obligation de soins est une mesure dite de « soins pénalement ordonnés », c'est-à-dire de soins décidés par une autorité judiciaire au cours d'une procédure pénale. Elle a pour objet de lutter contre

La même chose que pour les atteintes à la pudeur (exhibitionnisme) », ajoute Maryvonne avant de me lancer un « Bon courage ! », qui tend plutôt à m'en priver avant de raccrocher. Je me sens dans l'impasse. Ce sujet est une véritable nébuleuse.

---

la récidive en imposant une prise en charge sanitaire, qu'elle soit médicale ou psychologique.

7

La poursuite d'une enquête

Le temps a passé (et continue de le faire) depuis ce dîner, des mois puis des années pendant lesquels j'ai fait autre chose, mais les *cold cases* n'ont d'autre urgence que celle qu'on leur accorde et finissent toujours, comme des fantômes, par revenir vous hanter. Le mien est persistant, car il continue à m'échapper.

Je décide donc de rappeler AnneCé. Reprendre l'histoire à son commencement, établir les faits (du moins ceux dont elle se souvient), contacter Joddy, tenter de recueillir son témoignage, faire remonter ses souvenirs. Car « mon » voyeur n'est pas celui de Talese, qui cherchait à s'exposer volontairement, il n'est pas disposé à me contacter : je ne suis pas Talese, non plus, il faut dire. AnneCé me confirme que Joddy est repartie vivre aux États-Unis il y a longtemps, mais je parviens à la localiser grâce aux réseaux sociaux. AnneCé accepte de faire l'intermédiaire – il faut prendre des précautions pour ne pas risquer de la faire fuir.

L'e-mail que je lui envoie est plein de ces précautions qui disent les intentions louables. Je me présente, j'explique dans quel contexte AnneCé m'a fait part de son histoire. Je lui garantis l'anonymat si elle le souhaite (je vous avais dit que je n'étais pas Talese). J'ai surtout besoin d'un nom. Et qu'elle me confirme qu'elle a déposé plainte. Je cherche le fil que je pourrais tirer pour tenter de remonter la piste judiciaire, rencontrer les protagonistes de l'affaire, mieux comprendre cette histoire, en saisir les nuances, et enfin la raconter. La plainte me donnerait accès à un maximum d'informations. Sur l'affaire bien sûr. Mais sur toutes les autres aussi. Parce que finalement, ça ressemble à quoi une plainte de ce type ? Qu'est-ce que ça laisse transparaître de la manière d'aborder la question des violences sexuelles ? De la tendance à minimiser la gravité de beaucoup d'agressions, qu'évoquent nombre de victimes, à ignorer certains comportements, comme ce que confirme le flou de la loi au sujet du voyeurisme ?

Mon e-mail est parti. La réponse de Joddy tarde. C'est la fin de l'année et la trêve des confiseurs menace de tout suspendre. Avant de faire comme presque tout le monde (plus rien donc), je prends rendez-vous aux archives de Pau afin d'éplucher la presse quotidienne régionale dans l'espoir de trouver une trace de « mon » voyeur.

Quand je prends le train pour Pau début janvier, ma banane contient :

— un porte-monnaie sans monnaie (mais avec une carte bleue) ;
— un paquet de Benson & Hedges Gold dans lequel il reste onze cigarettes ;
— une cuillère ;
— un livre de poésie sur la pratique des scènes et des machines (cinq billets de banque glissés entre les pages, pour un total de 180 euros) ;
— un chargeur de téléphone ;
— une batterie externe chargée à bloc ;
— des AirPods ;
— un iPhone à la batterie défaillante ;
— un briquet Clipper ;
— deux barrettes (sécables) de Lexomil ;
— un chiffon pour nettoyer les lunettes ;
— un crayon Ikea ;
— un petit carnet de notes.

Mon ordinateur, ma documentation et le reste de mes affaires sont tassés dans un sac de voyage abandonné dans l'espace prévu à cet effet.

Le temps du trajet me permet de relire mes premières notes, d'essayer de synthétiser le peu de matière dont je dispose pour l'instant, puis de me plonger dans *Un singe à ma fenêtre*, d'Olivia Rosenthal, une autre histoire d'enquête sur une affaire effacée. Une autre impasse comme point de départ. Cette fois au Japon, sur de possibles traces des attentats au gaz sarin à Tokyo en 1995, il y a donc vingt-cinq ans. Olivia Rosenthal écrit que « parfois on se trompe, on croit chercher quelque chose qu'on peut nommer très explicitement, mais on cherche autre chose sans le savoir, avec une détermination et un aveuglement inexplicables ». C'est étrange, mais je trouve ça rassurant, parce que, malgré tout, son livre existe. Je suis en train de le lire. Elle est partie à l'autre bout du monde pour interroger des gens sur « un événement auquel ils n'ont pris aucune part pour voir si l'oubli laisse quand même des traces ». Au départ, elle croyait avoir tous les fils en main, savoir ce qu'elle cherchait, avec une liste de personnes à contacter, des témoins à rencontrer, des relations et des adresses à exploiter. Mais dès l'instant où elle a posé le pied sur le sol japonais, tout son bel édifice s'est dérobé. Elle parle rapidement de sa colère face à cette situation absurde : pourquoi être venue enquêter sur ces attaques vingt-cinq ans après les faits, et à plus de neuf mille kilomètres de la France ? (Et franchement, je trouve que c'est une bonne question.) Entre impatience et le découragement, elle se demande comment faire parler quelqu'un qu'on ne connaît pas, surtout quand ce quelqu'un résiste, se rétracte, occulte, ment ? (Et là encore, je trouve que ce sont de très bonnes questions). Si je vais (kilométriquement) nettement moins loin qu'elle, je perçois, moi aussi, la difficulté de la démarche quand on avance sur un matériau fuyant. Mais elle y est arrivée et cela m'encourage.

J'arrive à Pau par un lundi de janvier sous une pluie battante. La ville est incroyablement mouillée et terriblement pondérée. Je brave les averses drues pour aller m'acheter un parapluie (imprimé tartan écossais), et puis je vais poser mes affaires chez les amis qui m'hébergent. Je ne sais pas si c'est à cause du sujet qui m'amène, mais je n'ai pas voulu dormir à l'hôtel. Demain j'ai rendez-vous aux archives, dès l'ouverture. Mais pour l'instant, j'ai ma soirée. C'est l'occasion de retrouver ces gens qui me sont chers, de prendre des nouvelles, de faire le point sur ce qui m'amène. De rire des déboires, et de boire aussi. De faire une petite pause avant de replonger dans le vague du sujet. On verra ça demain.

8

Trente-deux kilomètres d'archives

Joddy, mon principal témoin, n'a pas répondu. Les autres non plus d'ailleurs. Le message que j'ai laissé au metteur en scène de la troupe restera lettre morte. Je n'ai d'autre choix que de trouver d'autres sources. Les journaux de l'époque pourraient en être une. Même une simple mention me permettrait de confirmer les faits et de mieux définir ma fenêtre de tir avant de pouvoir, peut-être, aller au greffe.

Aux archives départementales de Pau, je suis désormais enregistrée sous le numéro de lectrice 30214 et assignée à la place 13 (« J'espère que vous n'êtes pas superstitieuse », me glisse l'archiviste). Nous sommes le 11 janvier 2023. Je pose mes affaires à ma table et sors fumer une cigarette dans le froid, avec un café offert par l'administration, en attendant que les documents que j'ai demandés soient extraits des trente-deux kilomètres de rayonnages où ils sommeillent depuis vingt-deux ans, sans doute sans avoir jamais été dérangés.

J'ai commandé tous les numéros des mois de février et mars 2001 du journal *Sud Ouest*. Je vais tout éplucher. À l'échelle de la vigilance locale, j'aurai peut-être la chance de trouver un entrefilet. Je suis remontée à ma place depuis peu, me glissant doucement dans la torpeur lénifiante des espaces administratifs, souvent surchauffés, quand l'archiviste arrive avec deux grandes boîtes aussi rectangulaires que réglementaires, carton noir, rubans beiges noués sur trois côtés. Il s'approche pour poser la première sur ma table (j'aurai le droit d'avoir la deuxième lorsque je rendrai la première, et encore, contre signature). Les journaux empilés par ordre chronologique dans leur boîte sont repassés, datés, un brin jaunis, mais neufs. Je sors un carnet et un stylo. L'archiviste, qui me surveillait du coin de l'œil, revient déjà vers moi pour me tendre un crayon à papier : l'usage des stylos est prohibé afin de prévenir tout dommage irrémédiable sur les documents, m'explique-t-il posément. Je rengaine l'objet du délit et attaque docilement au crayon ce qui va bientôt ressembler à la chronique fragmentée d'un quotidien oublié.

1er février 2001 : Roland Dumas perd pied dans le procès Elf.
Une vache est coincée dans un canal à purin à Salies-de-Béarn.
Les numéros gagnants du loto sont : 1-5-37-39-40-47-28.

2 février : les chiffres de la délinquance, dévoilés, marquent une hausse de 5,5 %, vols de téléphones portables en tête. Un criminologue annonce que « les masques tombent ». La pression populaire impose le débat sur l'insécurité.
Michel Sardou change de planches.
Au CSA, Dominique Baudis rejette toute suspicion de partialité.
La rubrique « Santé » des Gémeaux leur enjoint de trottiner à l'entraînement, sans forcer.
Annie Ernaux est à « Bouillon de culture » sur France 2 à 22 h 40.

3 février : Alfred Sirven est arrêté à Manille, l'affaire Elf relancée.
La date limite du tiers provisionnel est fixée au 22.
Jospin progresse pendant que Chirac pousse la réforme.
Des cinéastes recherchent une grue cendrée dans le Piémont béarnais.

4 février : dimanche, pas de journal.

5 février : la France est championne du monde de handball.
Le Club Med perd son fondateur.

La météo annonce une douceur printanière avec 17 degrés à Biarritz.
Cindy, une fillette de 4 ans disparue, reste introuvable.

6 février : Reagan fête ses 90 ans dans l'intimité.
Delanoë pense budget.
L'horoscope affirme que la drogue miracle reste à découvrir.

7 février : un rorqual s'échoue à Saint-Jean-de-Luz et meurt.
José Bové affirme qu'il n'a pas changé.
Vertical Limit passe en avant-première au Mega CGR.
Anarchiste revient au mieux pour dicter sa loi dans le prix de Chantilly (plat, handicap, 4 ans et plus, grande piste, 1 500 mètres).

8 février : la validité du passeport pour 10 ans au lieu de cinq entre en vigueur au 1er mars.
La chambre d'instruction de la cour d'appel de Dijon a mis en délibéré au 11 avril sa décision de clôturer ou non l'instruction dans l'affaire du petit Grégory Villemin, après avoir constaté qu'il était impossible de procéder à des analyses génétiques permettant de retrouver la trace du corbeau.

Il n'y a toujours rien sur mon affaire le 9 février. Les jours commencent à défiler, mais il est encore tôt dans la chronologie. Je sais que j'ai visé large dans l'encadrement des faits, je continue à égrainer.

10 février : la neige est au rendez-vous pour les vacances scolaires.
Catherine Mégret peine à Vitrolles.
C'est la fin des fouilles dans l'affaire des disparues de l'Yonne.

11 février : dimanche, pas de journal.

12 février : à Pau, il faut faire attention aux vendeurs de matelas.
Une Renault 11 et une caravane ont été volées.
Deux individus « un peu éméchés » ont brisé « gratuitement » un abribus de la Stap.
Un voleur s'est introduit dans une maison « plus ou moins occupée », avenue des Lauriers, et a dérobé un chalumeau.
Le cadavre d'une femme est repêché dans le Gave.

13 février : les vendeurs de matelas frappent encore.
On peut visiter le musée du Béret et sa boutique, place Saint-Roch à Ney : c'est unique au monde.

14 février : c'est la foire aux pommes à Intermarché (7,95 francs le kilo).
La cohabitation se corse autour de l'île de Beauté.
Charles Trent, 87 ans, est de nouveau hospitalisé.
Le cadavre de la noyée a été identifié.

15 février : Dominique Voynet laisse le champ libre à Noël Mamère.
À Perpignan, la disparition de Fatima Idrahov fait planer l'ombre d'un tueur en série sur la ville.
Les Français salent trop leurs aliments.
« Thalassa » diffuse un documentaire sur les requins de l'archipel.

Pour le journal du 16 février, je passe mon tour. Je ne me souviens pas pourquoi je ne note rien. Peut-être un peu de fébrilité. De la lassitude, aussi.

17 février : Bush met Saddam en garde.
La Française des jeux s'adapte à l'euro.
Carnaval pluvieux mais heureux à Bedous.
La rubrique « Travail » de l'horoscope signale aux Gémeaux qu'une remise en ordre des dossiers les plus anciens fournira l'occasion de renouer avec un vieux projet toujours actuel.

18 février : dimanche, pas de journal.

19 février : Chirac défend le bœuf et le mouton au Salon de l'agriculture.
Marc Dutroux est hospitalisé.
Henri Salvador triomphe aux Victoires de la musique.
Les appartements historiques du deuxième étage du château de Pau ferment pour travaux.

20 février : Charles Trenet est mort.
Philippe Séguin prend *in extremis* la tête de la liste de droite dans le 18e arrondissement de Paris, sous les huées des opposants.
Françoise Sagan comparaît devant le tribunal correctionnel de Paris pour n'avoir pas déclaré au fisc un versement de 4 millions de francs.

21 février : le tribunal des affaires de Sécurité sociale d'Épinal vient de condamner la Caisse primaire d'as-

surance maladie (CPAM) des Vosges, qui refusait de rembourser une seule chaussure orthopédique à un unijambiste, au prétexte que les chaussures vont par paires.
À Pau, il fait entre – 2 la nuit et 17 degrés dans l'après-midi.

22 février : le snowboard fait fureur dans les Pyrénées.
Omar Raddad travaille à sa réhabilitation.

23 février : un militant ETA est arrêté à Anglet.
Lionel Jospin annule sa visite à Dole.
Un randonneur britannique est retrouvé mort à Lescun.
Le Projet Blairwitch passe à 21 heures sur Canal+.

24 février : à Perpignan, il est finalement établi que Fatima a été assassinée par dépit amoureux.
Un motard se tue à Pau.
Un trafic de cannabis est démantelé dans le Béarn.

25 février : dimanche, pas de journal.

26 février : Marc Veyrat décroche sa troisième étoile au Michelin.

27 février : Colin Powell est à l'Otan.
Le trafic des TER est perturbé par une grève SNCF.
Car-jacking à Pau.
Neige un peu partout dans le département.
La friteuse Super Classic 1000 visio de SEB (capacité : 1 kg de frites fraîches) est à 299 francs (45,58 euros) chez U.

28 février : Anthony Hopkins reprend le personnage d'*Hannibal Lecter*.

Je viens de tourner la dernière page du dernier journal de la première boîte. Il s'est passé plein de choses en février 2001 à Pau, dans le Sud-Ouest et partout ailleurs, mais pas l'événement que je cherche. Coup d'épée dans l'eau, j'accuse un peu le coup et m'octroie une pause. Je restitue la première boîte et sors fumer avant de récupérer la seconde. Tirant consciencieusement sur ma cigarette, je compare mentalement les dates de « mon » affaire à celles que je viens de voir défiler. D'après ce que je sais, la troupe est arrivée à Pau au plus tard durant la dernière semaine de février. Le temps de s'installer et de commencer les répétitions, c'est logique. Mais le pot aux roses n'a sans doute pas été découvert tout de suite : il faut donc que je persévère. Me remotivant, j'arrive même à me convaincre qu'à l'inverse c'est bon signe si je n'ai encore rien trouvé : j'y retourne presque pleine d'espoir pour attraper le mois de mars 2001.

L'archiviste a déposé l'autre boîte, strictement identique à la première, sur ma table. Je mets ma veste sur le dossier de ma chaise, signe le bordereau, m'assieds, bois une gorgée d'eau, dénoue les rubans réglementaires et attaque le dépouillement alors que la matinée est déjà bien entamée.

1er mars : la neige et la grêle surprennent le Béarn.
L'abattoir de Pau se prépare au sacrifice de l'Aïd.
Un randonneur espagnol est porté disparu.
Les propriétaires de la baraque à frites sont délogés du parking du Palais des sports.
À 14 h 30 un camion se renverse sur la RN 135 à Ogeu-les-Bains.

Un peu engourdie par ce dépouillement systématique, je suis brusquement sortie de ma demi-torpeur par la mention du spectacle d'AnneCé.

(Vendredi) 2 mars : *dans le cadre du festival Plurielles, le spectacle* Wanted ou profil bas *sera deux fois à l'affiche samedi à la Commanderie*.
« La présence de Thierry Niang dans le festival de danse du théâtre Saragosse coule de source dans une histoire de fidélité qu'entretiennent depuis longtemps l'artiste et le centre de danse. Cette saison, il est d'ailleurs chorégraphe-fil rouge. Pour *Wanted* il réunit six interprètes de la compagnie Zébulon et compagnons. Entrée de 40 à 130 francs. »

Première mention du spectacle : ce n'est qu'un entrefilet, mais j'ai quand même un petit coup au cœur. Ça confirme au moins que je fouille au bon endroit.

C'est le moment que choisit l'archiviste pour annoncer la pause méridienne. Petite sonnerie d'établissement scolaire, annonce de la fermeture

(12 heures-13 h 30), modalités de sortie (restitution des documents pour ceux qui ne reviennent pas, possibilité de tout laisser sur la table pour les autres). J'aurais bien poursuivi, quitte à me laisser enfermer, mais je dois sortir comme tout le monde. La mine du crayon que m'a prêté l'archiviste étant sérieusement émoussée, j'en profite pour aller acheter un lot de Criterium pour la suite et manger un morceau (de viande).

À 13 h 30 pétantes, je suis de nouveau à ma table, louant la ponctualité rigide des services publics (pour une fois que je ne me heurte pas à l'heure exacte de fermeture). Je dégaine un Criterium tout neuf et reprends le fil du mois de mars.

3 mars : Aloïs Brunner, ancien nazi, ingénieur de la Solution finale, réfugié en Syrie et dont on ne sait pas s'il est encore vivant, a été condamné hier à la perpétuité par contumace à Paris.
Un vieillard de 90 ans est brûlé vif à Labatut-Figuières.
Le prix du mouton augmente pendant l'Aïd el-Kébir.

4 mars : dimanche, pas de journal.

5 mars : épizootie de fièvre aphteuse, vigilance renforcée.
Révélation à quelques jours de l'ouverture du procès de Guy Georges : il aurait séjourné en vallée d'Aspe.
L'Union cycliste renaît à Artix.
Jean-Marie Messier arrive à la tête du groupe Canal+, qui découvre l'austérité et la rigueur.

Entre les assassins et les moutons, une deuxième mention, enfin, du spectacle de la troupe d'AnneCé et Joddy.

(Lundi) 6 mars : *Wanted ou Profil bas* déroute.
« Malgré de beaux moments, la création de Thierry Niang égare le spectateur dans une chorégraphie aux trop nombreux méandres. Les contorsions tourmentées de *Wanted* finissent par engourdir. Ils sont quatre accompagnés d'une chanteuse aux vocalises étranges et d'un guitariste qui oscille entre électrique et acoustique [...] Cet état des lieux du corps délimite finalement un territoire où nous devenons à regret étrangers. À regret, parce que les danseurs impressionnent tandis que leur ronde déconcerte [...], avec insouciance et légèreté, ce qui manque trop à *Wanted*. »

Les corps et les voix en jeu commencent à apparaître, mais toujours rien sur le voyeur de l'hôtel.

7 mars : 3 millions de Français sont concernés par la dépression.
Festival de la magie à la Maison pour tous de Simacourbe.
À louer, cave à vins avec appartement, très bon emplacement, 17420 Saint-Palais-sur-Mer, tél 05.46.23.31.05.
Gémeaux, la patience est l'une de vos qualités.

8 mars : l'euro cache des pièges.
Le corps de la petite Cindy a été retrouvé, mais il faudra attendre les conclusions de l'autopsie pour connaître les causes du décès.
Un incendie a ravagé l'unité « Foie gras » de l'entreprise Labeyrie : les sapeurs-pompiers ont retrouvé, mercredi à 17 h 15, les restes calcinés d'un corps humain.

9 mars : Pinochet reste inculpé, la cour d'appel de Santiago du Chili ayant rejeté hier le recours de l'ancien dictateur ; son état de santé est au cœur de toutes les procédures.
700e exécution au Texas.
Jacques Attali est mis en examen dans une affaire de trafic d'armes vers l'Angola.

10 mars : premier tour des élections municipales demain.
L'enquête sur la mort de Cindy se poursuit.
La soixantaine d'exposants de la 18e Foire des antiquités de La Moutète déplore la concurrence déloyale des vide-greniers.

11 mars : dimanche, pas de journal.

12 mars : la ministre de l'Emploi, Élisabeth Guigou, a voté hier avec une carte d'électeur périmée.
Opération lâcher de truites (200 kg) dans le lac de Bésingrand.
Deux granges en feu à Tardets.
+ 27 % de consommation pour la courgette et – 7 % pour la carotte entre le 4e trimestre 1999 et le 4e trimestre 2000.

Je ne note rien pour le 13 mars. Non pas qu'il n'y ait rien d'intéressant, mais en tout cas pas un mot sur l'affaire. Je fatigue.

14 mars : le procureur requiert 4 ans de prison dont deux ferme contre les frères Brunet pour diverses tromperies sur la viande et les abats en 1997.
Un homme de 58 ans a été agressé à la scie à Pau.
L'écrivain Paco Ignacio Taibo II sera ce soir au Méliès, entrée libre.

15 mars : liberté provisoire confirmée pour Pinochet.
Municipales : les Verts ne sont pas des pots de fleurs.
Un enfant meurt de la méningite à Dax.

16 mars : l'ombre de Francis Heaulme plane sur le procès Dils.
Une Peugeot 205 GRD bleu clair, immatriculée 2710 PZ 40, a été volée dans la nuit, rue des Galas, à Billère.
À compter d'aujourd'hui, la circulation et le stationnement pourront être interdits rue des Violettes.

17 mars : l'Association d'aide aux personnes incontinentes a réalisé un guide utile de l'incontinence urinaire (formes, traitements, préventions), édité à 25 000 exemplaires.
La capture de Néré, l'ours de souche slovène, est autorisée par le ministère de l'Environnement.
L'association des parents d'élèves organise une soirée croupionnade à la salle des fêtes de Carresse.

19 mars : la gauche l'emporte dans la capitale et la droite en province. Paris n'est pas la France.
Guy Georges devant la cour d'assises de Paris, la descente aux Enfers.
Nouveau conseil municipal à Pau.
Le Vieux Fusil à 20 h 55 sur France 3.

20 mars : Guy Georges choisit de nier.
Cambriolage nocturne dans un restaurant, rue du Parlement à Pau : les voleurs ont mis la main sur un ordinateur d'une valeur de 20 000 francs, des chèques pour une valeur de 9 600 francs, une trottinette et deux tableaux.
Guy Novès ne veut plus collaborer avec le XV de France.

21 mars : l'hiver est anormalement doux.
L'antenne d'Orthez de l'Union fédérale des consommateurs tient son assemblée générale.
C'est la Journée du sommeil, l'occasion d'une pensée pour les victimes du syndrome d'apnée obstructive du sommeil.

22 mars : opération suicide pour la station Mir, dont les débris tomberont dès demain dans le Pacifique.
« Ragots, vilénies et turpitudes » au procès Elf.
À Anglet, un motard rentre chez lui le pied sectionné.

23 mars : Papon hospitalisé à Cochin.

24 mars : l'heure d'été, c'est pour demain !
Mardi après-midi au complexe de la République, à Pau, un adolescent de 19 ans a frappé le directeur de la Mission locale au cours d'un entretien : recherché

pour ne s'être pas soumis à une peine de prison à laquelle il avait été condamné pour des faits similaires, il a été écroué à la maison d'arrêt.

26 mars : « Opération finale » en Macédoine.
Lionel Jospin annonce un remaniement imminent et limité.
La prochaine permanence de l'Association pour le droit à mourir dans la dignité aura lieu au Centre social de la Pépinière, le samedi 7 avril, de 14 à 15 heures.
Incroyable, 17 816 perceuses sans fil PVD 182T sont en vente à 189 francs chez Mr Bricolage !

27 mars : à l'approche des beaux jours et des vacances, l'office de tourisme d'Orthez rappelle que le camping de la Source, boulevard Charles de Gaulle, tél. 05.59.67.04.81, ou 05.59.69.37.50 (hors saison), ouvrira ses portes pour une nouvelle saison le dimanche 1er avril.
Cinq Oscars pour *Gladiator*.

28 mars : Guy Georges avoue enfin.
Deux attentats à Jérusalem.
Une rude journée s'annonce demain jeudi à la gare de Pau avec un mouvement de grève lancé par les syndicats de cheminots.
Qualité de l'air assez bonne sur l'agglomération paloise.

29 mars : convoqué par le juge en charge du dossier des HLM de Paris, Chirac ne cède pas.
Chaque semaine, au laboratoire interprofessionnel Adour Bio Conseil d'Arzacq, un jury assure le suivi

gustatif du jambon de Bayonne : aujourd'hui, Danielle Lalaude, fine bouche, témoigne.

30 mars : au Pays basque espagnol, un journaliste est inculpé d'appartenance à l'ETA.
Marks & Spencer ferme tous ses magasins en France.
Nouvelle demande de mise en liberté conditionnelle de Patrick Henry à l'étude.
« Ferme ta gueule », dit le braqueur, en prenant la caisse de la boulangerie-pâtisserie de l'avenue Didier-Daurat, à l'employée, qui n'en revient toujours pas.

31 mars : Bush méprise la planète.
Fabius n'exclut pas de faire un geste fiscal en faveur des couches populaires.
Le dépôt de la « propreté urbaine » cambriolé : une caisse à outils, quatre jerrycans de 20 litres chacun (deux de gasoil et deux d'essence), des vêtements professionnels et quatre trousseaux de clés ont été emportés.
C'est l'heure du bilan pour le festival Plurielles. Avec huit créations sur quinze pièces présentées, le théâtre Saragosse à Pau n'avait jamais autant mis à l'honneur les nouvelles générations – avec des bonheurs divers : certains chorégraphes ont emballé par leur audace, d'autres ont laissé les spectateurs à quai [...] Le public est parfois pris en otage, mais c'est aussi notre rôle de montrer les mouvances actuelles [...] Mais le directeur de Saragosse d'envisager moins de risques l'année prochaine.

Moi aussi je suis laissée à quai... Plus un mot sur le spectacle de la troupe d'AnneCé et pas la moindre mention de l'hôtelier voyeur ni, bien sûr, de sa victime. Il ne me reste plus qu'à faire le même constat que celui d'Alice Géraud[1], qui, après s'être plongée dans la presse régionale locale à la recherche d'un violeur en série, ne trouve pas un mot dans les archives sur cette série d'agressions sexuelles. Les faits divers ont pourtant une place de choix dans les journaux locaux, comme *La Voix du Nord* ou *La Sambre*. « Y sont relatés accidents graves et incidents minuscules. [...] Mais la chronique médiatique de la délinquance et de l'insécurité est expurgée des crimes et délits d'ordre sexuel. Pas de viols, d'attentats à la pudeur, d'incestes... [...] L'agresseur sexuel du matin qui a fait l'objet d'une dizaine de plaintes est absent du récit médiatique. Il n'existe pas. »

Pas plus que ses victimes.

1. Alice Géraud, *Sambre. Radioscopie d'un fait divers*, JC Lattès, 2023.

Éclat de voix

« M. Hire ne bougeait pas. Chez lui, il faisait noir.
Il était debout, le front contre la vitre gelée,
et seules ses prunelles allaient et venaient,
suivant tous les mouvements de la voisine.
Quand elle eut refermé les couvertures,
son premier mouvement fut pour libérer
ses cheveux qui roulèrent, pas très longs,
mais abondants, d'un roux soyeux, sur ses épaules,
dans une sorte d'étirement voluptueux. »

Georges Simenon, *Les Fiançailles de M. Hire*

9

Une passion singulière

En 1981, après avoir généreusement fréquenté couloirs, salles catastrophes (pour la question des décès de masse) et frigos du « vestiaire aux cadavres[1] » qu'est la morgue, Jean-Luc Hennig, journaliste, écrivain, auteur d'une « trentaine d'ouvrages, principalement des essais sur la nuit, le sexe et la mort » (dont *Sperme noir*, qui regroupe, en 2006, ses articles de presse) se plonge dans une enquête sur un de ces sujets un peu troubles dont il est coutumier et s'intéresse au voyeurisme. C'est ainsi que paraît *Le Voyeur. Enquête sur une passion singulière*[2]. Hennig ne craint ni les zones grises ni les tabous, pas plus que les sujets sordides ou délicats. Je connais

1. Jean-Luc Hennig, *Morgue. Enquête sur le cadavre et ses usages* (Albin Michel, 1979), Gallimard, coll. « Verticales », 2007.
2. Albin Michel, 1981.

son travail et la référence m'intéresse forcément. D'autant que la résonance avec mes recherches est évidente.

Le livre est épuisé depuis longtemps, mais je finis par mettre la main sur un exemplaire évidemment commandé en ligne. La typo d'époque barre la jaquette : nom de l'auteur en jaune, titre, massif, en blanc, sous-titre, toujours en blanc, mais en moins gros. Dans le coin en bas à droite, une photo. En couleurs, dans des tons orangés qui disent l'éclairage indirect à l'abat-jour et dont les contours se noient dans le fond noir de la couverture. C'est une fenêtre d'immeuble, un pan de rideau tiré, l'autre ouvert dévoilant une femme blonde qui enlève son tee-shirt, peut-être sa robe ?

En quatrième de couverture, une citation de l'auteur complète la promesse du recto :

Les voyeurs sont comme ça, farouches, insaisissables. Ils vivent en coup de vent. On les perd très vite. Parfois, ils vous filent une adresse, un arrêt d'autobus, l'arrière-salle d'un café triste, les marches du Sacré-Cœur ou un fond de cour, dans les lumières jaunes et les odeurs de friteuses. Toujours sur un coup, une fille un peu sexy, ou un gars du chantier qui bande comme un athlète. Parfois aussi ils vous emmènent faire un tour, dans les calanques ou les herbes couchées, en voir deux se caresser splendidement. Je les ai suivis. Comme des armées d'yeux qui m'auraient fait voir des choses.

Le livre est une somme, comme souvent avec Hennig, un portrait minutieux de ce furtif qu'il tente de cerner. Une submersion au gré d'entretiens, dans la psyché qui détonne, parfois gênante, des sujets dont la passion est de faire effraction.

Hennig déambule souvent la nuit et accepte ces rendez-vous interlopes pour rencontrer ces « brigands de l'ombre », ces « vauriens du secret », « crocheteurs de la petite intimité », pas vraiment grands criminels, mais pas totalement innocents non plus. Ces « petits malades », un peu mécaniciens, qui, comme l'écrit Marc Pierret, dans son petit livre au titre splendide, *Utopie et perversions*[1], « croient que les corps ont quelque chose à cacher, et [...] veulent en comprendre le mécanisme ».

« Génies des rues, guetteurs insoupçonnables, passe-muraille ou maraudeurs impénitents », les voyeurs ont leurs criques, leurs hôtels truqués, leurs esplanades et leurs outils. Des dunes, des bois, des champs, des ruelles, des fenêtres, des couloirs d'hôtel, des dessous de porte. Il y a les rampants, les grimpants, les patients, les fugaces. Les rats des villes et les rats des champs. Les anxieux rongés par la peur de manquer quelque chose, les honteux hantés par la crainte

1. Nouvelles éditions Debresse, 1969.

de se faire prendre, les audacieux, les ingénieux, les fétichistes des fragments.

Après quelques chapitres à peine, on comprend déjà qu'ils sont un groupe, un corps, une corporation. Ils semblent se reconnaître, se comprendre, tendus vers un but commun, une pratique criminelle, pourtant largement impunie du fait de l'immatérialité de ce qu'ils volent. Chacun a sa méthode, sa personnalité, toujours égoïste, solitaire, clandestine. Ce qui n'empêche pas de se refiler les bons plans, comme d'autres échangent leurs coins à champignons. Les hôtels dont les portes sont des gruyères, ces cafés dont les toilettes sont des lieux de rendez-vous, ces fourrés panoramiques.

« Ce qu'on voit n'a pas grand intérêt. C'est toujours ce qu'on pourrait voir, ce qu'on risque de voir qui vaut le coup », analyse, clairvoyant, un des voyeurs de Hennig avant d'ajouter : « C'est d'observer la proie que l'on désire, de la désirer sans qu'elle le sache, d'observer ses habitudes. Que la truite prend à tel endroit, que si on se met à l'ombre de tel arbre la ligne sera placée de telle façon qu'elle n'en verra pas l'ombre. Finalement tout se dérobait et tout était toujours à recommencer. » Posté en exégète, Hennig pointe cette jouissance singulière de l'empêchement, sans toutefois s'appesantir sur le vocable de la traque – plus pêche que chasse, certes – d'où ne devrait pourtant pas tarder à émerger la figure de la proie, pendant problématique de la question quand on la pose en ces termes. « Pour moi, c'est très attaché à l'idée de proie, de piège, donc de lieu clos », précise un voyeur, et d'ajouter que la « mise en scène de voir sans être vu, de guetter dans l'ombre, c'est quelque chose de très masculin, très guerrier ».

« Proie », guetteur « masculin », on n'est pas loin du viol, mais « un viol qui passe inaperçu », selon les termes d'Hennig. Un petit monsieur, qui s'ouvre à l'auteur, affirme d'ailleurs que « beaucoup de types se branlent en fantasmant un viol ».

D'autres ont l'espoir de voir commettre un meurtre. « Ça m'aurait intéressé », confie l'un d'eux. « Et j'aurais pas appelé la police. Ah ! non, je les aurais laissés se débrouiller. Mais ça aurait été quand même assez excitant. » De même, un autre affirme qu'il s'était aperçu que si quelqu'un venait à attenter à la vie de cette voisine qu'il épie avec constance, ou si elle mourait tout simplement et que ça se passait sous ses yeux, il ne bougerait pas le petit doigt. Parce qu'il était attaché à l'image distante qu'il avait d'elle. « Elle était devenue un spectacle. » Être voyeur, c'est donc « projeter l'érotisme sur l'autre qui, peut-être, n'y peut rien. N'y est pour rien. » Une forme de fétichisme total, une désincarnation du rapport à l'autre, dans une non-réciprocité absolue.

Pour minimiser la gravité de leur déviance, certains n'hésitent pas à recourir à une universalisation fallacieuse : « Je n'arrive pas du tout à imaginer ça, un type qui ne serait pas du tout voyeur. » Une rhétorique de la *faute-aux-autres* et du *c'est-pas-que-moi* (mais un peu tout le monde), que n'interroge jamais Hennig. Sans doute parce qu'on n'est pas là pour juger.

Dans la postface de l'ouvrage, Hennig restitue un entretien avec Pierre Pachet, écrivain de l'intime, penseur de la littérature et intellectuel antitotalitaire[1]. Entretien qui commence par une référence à un rêve que Pachet raconte dans *Nuits étroitement surveillées*[2]. Dans ce rêve, il regarde une femme en train de se masturber. Un rêve donc. « Et c'est exactement la scène du voyeur, c'est-à-dire qu'elle est encadrée, vous la voyez sans qu'elle vous voie, vous volez un peu de son intimité et si le rêve est un peu une série d'images, une série de scènes bien encadrées qu'on a toujours l'impression de saisir en étant bien conscient, c'est-à-dire à distance de ça, finalement, on peut peut-être renverser les choses et dire que le voyeur est un peu en état d'hallucination, en état de rêve. À tel point que, dès qu'il y a rupture, c'est-à-dire dès

1. Jean Birnbaum et Patrick Kéchichan dans *Le Monde des Livres*, le 26 juin 2016.
2. Gallimard, 1980.

qu'il y a intervention extérieure, par exemple quelqu'un qui surprend le voyeur, il y a rupture complète d'un rêve. » Le voyeur serait un rêveur. Ou comment déplacer le débat en l'enfouissant dans le domaine des songes et pourquoi pas en discutant technique de cadrage.

Pourtant, pour Pachet, les voyeurs sont bien des « gens amoureux d'une forme de réel, vraiment de réel. Et si on regarde pourquoi on ne peut pas interdire le voyeurisme, c'est sans doute parce qu'il représente, sous une forme excessive, un des liens humains les plus essentiels : l'envie de savoir ce que c'est d'être un autre ». Tout le monde, donc, serait voyeur, et en plus ce serait pour la bonne cause (connaître l'autre). On ne saurait donc interdire le voyeurisme.

Ni interdire ni punir, d'ailleurs : « Le voyeur a ceci d'impunissable qu'il n'y a jamais de traces : son crime est parfait tout bêtement parce qu'il est invisible. Qui accuserait quelqu'un de voler une ombre ? » Retour du vieux motif « pas de corps pas de crime », ou résurgence de la question qui irrigue le travail d'Hennig : comment faire l'histoire d'un coup d'œil ? Bref, du flou. Et, de fait, « ils s'en tirent toujours. Et finissent par disparaître. Y compris des archives de police ».

Tout comme « mon » voyeur, effectivement insaisissable.

Éclat de voix

« On le connaît sous le nom d'Asmodée.
Il a la puissance de découvrir les secrets
les plus cachés. Doué d'une curiosité inlassable
et malsaine, il épie l'intimité de tous les couples.
C'est le voyeur intégral, se servant
de ce qu'il a vu dans un but
à la fois libidineux et malveillant. »

Siegfried Tauber, *Diable, démons et vampires*

10

Une sale histoire

Comme moi et quiconque s'intéressant au sujet, semble-t-il, Hennig tombe vite sur *Une sale histoire*, un diptyque[1] tourné par Jean Eustache (réalisateur proche de la rédaction des *Cahiers du cinéma* et des réalisateurs de la Nouvelle Vague, que la postérité retiendra surtout pour son grand prix spécial au Festival de Cannes 1973 pour *La Maman et la Putain*), sorti en 1977, avec comme slogan : « Un film que les femmes n'aiment pas ». Hennig s'attache à ce moyen métrage qui raconte « l'histoire d'un maniaque que sa curiosité poussait dans les toilettes en sous-sol d'un misérable troquet » dans le chapitre intitulé

1. Dans les deux volets (documentaire, confié à Jean-Noël Picq, et fictionnel, avec Michael Lonsdale), le voyeur raconte sa pratique, ce qu'il pense du sexe des femmes, de ce qu'elles pourraient faire pour améliorer les choses et pourquoi il n'en conçoit aucune honte.

« Les Solitaires » (calé entre « Les cachotteries du baron » et « Derrière le rideau »).

Hennig part à la rencontre de l'homme qui a inspiré cette histoire à Jean Eustache. Ils se donnent rendez-vous au bar du Port-Royal, rue du Bac. Il lui trouve une voix lasse, un air taciturne. Il lui donne quarante ans.

Comme Eustache en ouverture du film, Hennig attaque en lui demandant si c'était une histoire qu'il racontait beaucoup. L'homme commence par dire qu'on lui demande souvent s'il a vraiment vécu tout ça. Il semble agacé qu'on puisse ne pas croire qu'il est vraiment le voyeur qu'Eustache met en scène. Il se met ensuite à détailler le tournage, à faible coût, dans un appartement bourgeois « un peu usé », l'équipe réduite et les quelques « invitées ». Quatre femmes, plus ou moins comédiennes, un « petit harem » dont la fonction était de constituer un public décoratif : « On a dîné, elles ne savaient pas, pas plus que l'équipe de tournage, ce qui allait se passer, ça faisait partie des petits jeux d'Eustache, c'est-à-dire que la perversion résidait dans la manière même dont se faisait le film. Dans le coup qui allait être porté aux participantes. Qui croyaient qu'elles allaient jouer. » Un coup porté pour que l'histoire puisse être racontée (et reçue) dans les mêmes conditions que celles dans lesquelles le narrateur avait l'habitude de la raconter. À part

Eustache et lui, personne ne savait de quoi il s'agissait. « Tout le monde, l'équipe de tournage comme les quatre jeunes femmes, était un peu émoustillé », assure-t-il.

Et puis il n'y a pas besoin de script puisqu'il connaît ses mots, que son récit est rodé. Il n'a plus qu'à planter le décor – le café, le téléphone en sous-sol à côté des toilettes, les allées et venues qui se transforment en ballet – et à mettre en scène l'objet de son désir : ne voir des femmes que par le seul sexe. « Je viens de réaliser à quel point depuis quatre mille ans peut-être, enfin disons plus même, on est complètement couillonnés. C'est-à-dire on nous a fait croire que le désir d'un homme, en tout cas, dépendait de la beauté de la femme. Et je me suis aperçu que c'était complètement faux. La beauté c'était pas les yeux, la bouche ou je ne sais quoi, mais le sexe, et que le reste ne comptait pas. »

Voir ce qui est sous les jupes, qu'on ne montre pas, ou en dernier ressort. C'est-à-dire le sexe des femmes. Et à leur corps défendant, bien sûr. Ah cette légendaire fourberie féminine ! « Elles se maquillent, elles prennent tout un moment à être séduisantes, à se préparer, à s'apprêter, à se montrer. Et là, c'est la chose à laquelle elles pensent le moins. Donc elles sont regardées par là où elles ne l'ont pas voulu. » Le voyeur reconnaît tout de même qu'il y a là « une espèce de violence qui est faite aux femmes. De regarder sans qu'elles se sachent vues. »

Mais cette violence ne va pas sans un plaisir supplémentaire pour le voyeur. « Dans le fait de voir la femme qui n'est pas vue, il y a aussi la certitude que si elle le savait, elle ne serait pas contente. » Il revient alors sur l'histoire d'une femme que le voyeur aborde après l'avoir réifiée. Son visage qui se décompose avant qu'elle ne parte en courant quand elle comprend ce qui vient de se passer, « comme si elle avait été profondément agressée ».

Il faut dire que les femmes sont bien peu coopératives. Elles ne sont pas suffisamment exhibitionnistes, pas sans cesse excitées, comme le déplore un « collègue » du voyeur dont la déception confirme le constat. « Il regarde les femmes en train d'uriner, et ce qu'il attend, c'est qu'elles se caressent. Je crois qu'il n'a pas beaucoup de satisfaction parce que ce sont des choses que les femmes ne font pas tellement dans les toilettes. »

Les perversions seraient donc, le voyeur le reconnaît, très largement du côté des hommes. Mais rassurons-nous, la nomenclature des perversions, selon ce voyeur, assigne bien une spécificité : la relation maternelle ! « Je pense que pour la plupart [des femmes, donc], ça ne leur viendrait pas à l'idée d'attendre les passants pour se montrer les cuisses ouvertes. Ni non plus tourner autour des pissotières et regarder les hommes. Il me semble que la perversion féminine existe d'une autre manière, pourquoi n'existerait-elle pas ? Mais elle est totalement différente et son lieu, c'est la relation maternelle. La relation à l'enfant. J'ai l'impression qu'en fin de compte, il y a une perversion qui rentrerait dans le cadre de la pédophilie. » Dont acte.

Et comme si ça ne suffisait pas, les femmes, qui ne font décidément pas beaucoup d'efforts, ont un sexe certes fascinant, mais indescriptible. « Comment décrire un trou ? » En convoquant des images allant de la petite fleur à la bouche d'égout (*sic*) ou au petit animal à fourrure, tout en butant sur le fait qu'on ne peut le décrire que par ses bords, et que « les bords, c'est pas le trou ». Encore loupé.

Et puis, de toute manière, les désirs de l'homme et ceux de la femme sont incompatibles, alors bon. Le désaccord absolu, le fossé infranchissable, les femmes de Vénus, les hommes de Mars, tout ça.

Le film de Jean Eustache s'ouvre sur le voyeur qui s'assied face caméra, sur le canapé d'un salon qui n'est pas le sien, on le sait parce qu'il vient de sonner pour entrer. Il pose sa sacoche et sort un paquet de cigarettes. Il a rendez-vous avec le cinéaste qui veut qu'il raconte son histoire pour ensuite la reconstituer, l'illustrer. Nous, on connaît déjà cet homme puisqu'on l'a croisé dans le livre d'Hennig.

« — *On va encore dire que tu racontes des histoires ordurières alors qu'en principe l'art doit célébrer la grandeur, la beauté, prévient celui qui va raconter.*
— On m'a déjà dit que je cherche mon inspiration dans les chiottes », *rétorque le cinéaste.*

Alors, face caméra, en plan fixe, l'homme raconte son histoire, une histoire que les femmes n'aiment pas beaucoup, précise-t-il. Mais que lui, visiblement, aime raconter.

« — *Eh bien voilà, c'était autrefois, enfin autrefois, il y a huit, neuf ans de ça. J'allais fréquemment dans un café à La Motte-Picquet-Grenelle et j'y restais beaucoup parce que j'avais pas le téléphone chez moi et j'avais beaucoup de coups de fil à donner.*

Donc, je quittais fréquemment ma table pour descendre au téléphone qui était au même endroit que les toilettes. Il y avait les toilettes homme, les toilettes femme, le lavabo, le téléphone [...]

[...] C'était un café assez vide. Il y avait assez peu de monde qui venait et de brusques affluences. Enfin je n'y faisais pas attention, puis peu à peu j'y crus observer l'ironie des garçons quand ils me regardaient. Une fois j'ai entendu très nettement : "Et pourtant il est jeune celui-là, il est pas comme les autres." [...] Et puis une autre fois, très, très nettement cette fois : "Et tout ça pour un trou."

Alors je me suis dit, mais quel trou ? Qu'est-ce qu'ils racontent ?

Et puis j'ai pensé : "Trou dans les toilettes féminines." Je suis donc descendu dans les toilettes féminines voir s'il y avait un trou, et il n'y en avait pas. D'habitude il y en avait toujours, bouché avec du papier journal, à hauteur du siège. Je me suis toujours dit que c'était ridicule parce que pour qu'une femme se laisse regarder comme ça, il fallait vraiment qu'elle le veuille. Et là il n'y avait pas de trou.

Alors j'en ai parlé à quelqu'un qui habitait avec moi. Un garçon qui était un pervers professionnel et qui explorait un peu tout ça. Qui connaissait tous les petits mystères des cafés de Paris. C'était un pervers magistral. Il faisait profession de perversion comme tous les vrais pervers. Il avait un air de maître d'école dans sa perversion et il m'a dit :

— Mais oui mon cher y a un trou, tu t'es pas trompé, tu n'as pas mal entendu. Mais ce trou est très mal placé quant à la position qu'il faut prendre pour le voir. C'est un trou à ras du sol.

— Mais comment faire pour voir si c'est à ras du sol ? Il faut s'allonger ?

— Non à ce point-là, c'est pas nécessaire.

Et il m'a montré la position qu'il fallait prendre, sur le tapis, près de son lit. Il a pris la position de la prière musulmane, appuyé sur les avant-bras, le cul en l'air et regardant à ras le sol. La joue collée au sol. Et c'est ça qui m'embêtait parce que c'est une position que j'aime pas du tout, que je prends jamais.

Alors j'y suis allé et puis au moment où une femme descendait effectivement, je me suis mis dans cette position. Et alors là, il y avait un trou, c'est vrai. Enfin c'est-à-dire que la porte était rabotée en bas, rabotée à l'angle où ça ouvre. Et puis ce qui m'a frappé, c'était que c'était peint par-dessus. C'est-à-dire que c'était pas un type qui, avec une vrille, avait fait ça. On avait l'impression que ça faisait partie de la conception en fait, de l'architecture même du café. Alors j'ai regardé. L'angle était absolument direct. D'abord j'ai regardé par curiosité. Puis une fois, deux fois, trois fois, puis j'ai commencé à comprendre tout le jeu…

Tout d'un coup, j'ai vu. J'ai vu les types qui étaient au comptoir et j'ai compris pourquoi ils avaient dit : "Et pourtant il est jeune celui-là." C'étaient des types qui faisaient un peu minables incontestablement, qui avaient la sueur au front et qui trépignaient. Alors j'ai pris ma place dans cet afflux au moment où une femme descendait. Il y avait un code, ils descendaient l'escalier en tapant très fort des talons, ce qui voulait dire "C'est mon tour".

Je regardais par curiosité d'abord, parce que moi, hé, j'étais pas comme ils disaient, j'étais mieux. Mais j'ai commencé à y prendre drôlement goût. Je faisais plus que ça. Je ne passais plus deux heures dans l'après-midi au café comme j'avais l'habitude de le faire, mais cinq heures.

J'ai regardé par le trou et je les voyais par le sexe. Et je commençais à voir qu'il y avait de sacrées différences entre les sexes, j'avais pas remarqué auparavant. Par exemple il m'arrivait de voir des sexes qui m'excitaient drôlement, alors je repérais les souliers, la forme, la couleur puis à la sortie je voulais voir à qui il appartenait ce sexe et la femme était horrible. Puis d'autres fois c'était tout le contraire [...] Et là brusquement, toutes les hiérarchies du corps se sont renversées [...]

Et quand par hasard, dans le coin j'avais l'occasion de connaître une fille que je fréquentais pas disons, je l'emmenais boire un verre, j'essayais de lui faire boire de la bière, du thé, en ayant préparé mon jeton, pour pouvoir aller la voir directement par le sexe et ça m'excitait drôlement plus que de passer par les étapes. [...] Elle avait compris ce que j'avais fait. Que je l'avais forcée à être regardée. Elle est partie affolée et n'est plus jamais revenue dans le café. Je crois que j'aurais pu faire n'importe quoi, tenter de la violer, elle l'aurait mieux pris. C'était parmi les avatars d'être une jolie fille, mais ça ! Elle ne l'a pas supporté...

J'ai continué comme ça un certain temps et puis j'ai senti que je devenais complètement fou. Qu'il n'y avait plus que ça qui m'intéressait. Alors j'ai arrêté parce que j'avais l'impression que tout ne pouvait plus être vu que par la perspective de ce trou. Ce trou bizarre fait par un pervers quelconque autour duquel tout fonctionnait… Alors j'ai quitté tout ça et je me suis replié vers la normalité.

J'y suis retourné quand même, quelque temps après. Et le café était entouré de palissades. Ça ressemblait à la mort d'un théâtre porno. J'ai eu l'impression qu'après que je suis passé par là, on avait fermé ce lieu comme étant contraire à la loi. Ou à la morale…

En même temps cette histoire me tourmentait. J'essaie de la raconter à des femmes mais ça leur plaît pas du tout. Aucune femme n'a écouté cette histoire. Elle m'arrêtait tout de suite en me disant qu'elle ne voulait pas en savoir plus. Elle me traitait un peu comme un frustré, pensant : "Tout ce travail pour voir un sexe alors qu'en principe on a des occasions." Sauf que ces occasions m'intéressaient plus.

[…] Pourtant, cette histoire j'aurais voulu la raconter aux femmes d'abord. Aux femmes. Pour qu'elles s'y prennent autrement. Qu'elles changent quelque chose. Qu'elles deviennent exhibitionnistes à leur tour, alors qu'il n'y a que les hommes qui montrent leur queue au coin des squares. Les femmes exhibent tout le reste, sauf ça…

[…] Mais non ça n'existe pas dans les chiottes des hommes. Il y a trop peu de femmes qui cherchent à regarder ça !

Moi j'ai dû fournir un gros travail pour le voir malgré elles ; avec l'humiliation, l'abaissement… Et en même temps avec une certaine fierté, car s'il est vrai qu'il n'y a pas de plaisir sans peine, y a pas de travail sans fierté. Et là je travaillais assez pour penser quand même que j'avais ma dignité en faisant tout ça. »

Gaspard Noé, qui semble avoir accepté par erreur ou par hasard de parler (pas très bien) du film dans un bonus pour sa réédition en DVD aux éditions Potemkine, baragouinera deux-trois trucs techniques et dira finalement : « J'ai trouvé ça très crade. » On le comprend.

Éclat de voix

« J'habite au rez-d'chaussée
et je joue du balai, du balai, du balai
À longueur de journée
Quand on vient me questionner
sur la dame du cinquième
Sur la fille du troisième, je réponds sans hésiter :

Je vois tout, j'entends tout, mais je ne dis jamais rien
Je vois tout, j'entends tout, je vois tout, tout,
mais je ne dis jamais rien. J'écoute tout, je vois tout,
j'entends tout, tout, mais je ne dis jamais rien. »

Christophe, « La petite fille du troisième »

11

L'œil professionnel

Comme Hennig le déplore dans *Le Voyeur* : « [...] Il y avait aussi toute une ribambelle de voyeurs patentés qui se cachaient derrière leur honorabilité, mais qui n'en voyaient pas moins. Les matons de taule, les photographes, et pas seulement les paparazzi, mais les correspondants de guerre aussi bien, qui jouissent du spectacle des atrocités, les flics ou les psychiatres, les journalistes et les échotiers, les confesseurs, les espions et tous les muets de la société, du liftier au greffier du tribunal. Mais on les blanchissait. On leur savait toujours gré d'autre chose. Eux, hélas ! n'étaient que voyeurs. C'est-à-dire voyeurs pour rien. Pour eux. Voyeurs du vide. Sans alibi. Les pires. »

Pour eux, ces « voyeurs pour rien », la messe semble dite, raison sans doute pour laquelle Hennig se focalisera sur eux, délaissant les autres. Eux qui ont une raison de regarder (comme Hennig lui-même), eux dont l'indiscrétion a une fonction.

À une exception près toutefois : le cas d'Antoinette. À une double exception près, devrait-on même dire, puisque Antoinette est une femme, la seule de cet étrange zoo. Antoinette a soixante-quatorze ans, elle est concierge à la retraite et vit toujours dans sa loge, qu'elle occupe depuis trente ans. Le chapitre que lui consacre Hennig s'intitule « Derrière le rideau ». Celui de la loge bien sûr. Daumier croquait les concierges, l'œil toujours rivé au trou de la serrure de leur porte ou de celle des autres à l'occasion du passage de balai dans les communs. Ou le motif bien connu de la concierge qui soulève le coin du rideau de sa loge pour ne manquer aucune allée et venue. D'ailleurs c'est aussi ce qu'on lui demande : garder l'œil ouvert, même si on s'en plaint. La concierge (plus que le concierge d'ailleurs) est universellement synonyme de curiosité intrusive.

Antoinette ne s'en cache pas, elle a toujours été curieuse. « J'aime regarder les autres, je ne fais de mal à personne, et puisque ça me fait plaisir, pourquoi je m'en priverais ? Croyez-moi on en découvre des choses. Je n'y suis plus obligée, mais je continue quand même à monter le courrier. J'aime voir les intérieurs, surtout ceux des nouveaux arrivants. » Mais Antoinette ne fait pas que monter le courrier. Elle l'a auparavant analysé, décacheté, lu. Elle fouille aussi les poubelles – pratique qu'ont repris à leur compte certains paparazzi qui n'hésitent pas à écumer les poubelles des stars, susceptibles de trahir leur consommation d'alcool ou de médicaments, ou encore la malbouffe. Elle récupère des magazines, les produits de beauté de la coquette du troisième, des morceaux de quotidien, des bribes de secrets. Une archéologie domestique.

Panoptique, Antoinette voit tout, Antoinette entend tout. Les habitudes, les disputes, les changements, les solitudes. Elle devine les adultères, sait les dépits amoureux. « Ça me fait drôle à moi, étrangère, d'en savoir plus qu'elle sur son mari. » Mais Antoinette l'assure, elle est contre les ragots et la dénonciation. « Si je disais tout ce que je savais, moi, il y aurait du chambardement partout. Je préfère garder tout pour moi. »

Sophie Calle, elle, est artiste, plasticienne et photographe. Elle, qui est son premier sujet et travaille à faire de sa vie une œuvre, n'hésite pas à pousser les curseurs de l'intimité en exposant la sienne ou en fouillant celle des autres. Le lundi 16 février 1981, « après une année de démarches et d'attente », elle réussit à se faire engager comme femme de chambre pour un remplacement de trois semaines dans un hôtel vénitien. Au cours de ses heures de ménage, elle ausculte les effets personnels des voyageurs. Elle photographie, puis expose, donne à voir, les plis des draps, le creux des matelas, les valises, l'ordre, le désordre, les petites négligences, les traces du quotidien, faisant ainsi du spectateur un voyeur complice de ce viol manifeste de l'intimité d'inconnus. S'attachant aux objets qui donnent accès à cette intimité, elle brouille les frontières entre l'anonyme et le personnel et donne à voir le portrait en creux d'actes normalement cachés aux regards. Un cambriolage abstrait, en quelque sorte.

12

La prédation des vautours

Le terme « vautour » est un nom commun qui désigne un rapace diurne qui se nourrit de petites proies, mais aussi de cadavres, dérivé du latin *vultur*, issu de *vellere*, qui signifie notamment « arracher, déchirer ». Terme qui englobe également une autre espèce vilipendée qui n'a pourtant pas grand-chose à voir avec la zoologie : le paparazzi, photographe dévoyé, charognard, qui a pour domaine de prédilection la vie privée des célébrités, qu'il pille sans leur demander leur accord et qu'il jette ensuite en pâture à la presse people, princesse des choux gras à l'affût de la débâcle.

Le terme « paparazzi » vient de *La Dolce Vita* (1960), de Federico Fellini, film dans lequel le personnage joué par Marcello Mastroianni est presque constamment suivi par un jeune photographe appelé Coriolano Paparazzo dont le nom est issu de la contraction de *pappataco* (petit moustique de la plaine du Pô) et *razzo* (éclair du flash). L'histoire est jolie, mais ne suffit pas à redorer le téléobjectif de cette branche définitivement corrompue par le commerce d'images volées de morceaux de vie arrachées et offerts à la fascination collective. La photo volée d'un président sur son lit de mort, le cliché d'un acteur pris en charge par les pompiers après un accident, d'une actrice qui bronze nue, d'une chanteuse qui bronze nue avec un monsieur nu également, de baisers qu'on voulait dérober aux regards... Tout se déballe. Et ça paie. Ainsi, lorsque, le 10 janvier 2014, *Closer* offre en une « L'amour secret du président » et révèle, photo à l'appui, la liaison encore cachée entre François Hollande et Julie Gayet, les ventes du magazine explosent jusqu'à doubler pour atteindre six cent mille exemplaires. Le secret d'alcôve paie.

Le métier a pourtant de belles ascendances, aujourd'hui entrées dans l'histoire. Parmi elles, Arthur Fellig, né Ascher Fellig en 1899, *alias* Weegee, fils d'immigrés de Galicie, happé par New York. « Je n'ai pas de tabou – et mon appareil photo non plus. J'ai eu une vie bien remplie, et j'ai tout essayé[1] », confie-t-il en ouverture de

1. *Weege par Weegee, une autobiographie* [1961], Éditions de la Table ronde, 2009.

son autobiographie dédiée à sa « lampe d'Aladdin moderne », son appareil photo. Celui qui a commencé en travaillant pour un studio commercial qui photographiait des cercueils pour la réclame (« Le bonheur dans toutes les boîtes ») ou les incendies d'usines pour les assurances va, comme Henri Cartier-Bresson, un autre pionnier du photojournalisme et de la photographie de rue, partir écumer la ville, l'appareil en bandoulière, au gré des incidents, accidents, meurtres, suicides, noyades, incendies… Branché en intraveineuse sur la radio des flics, mitraillant victimes, coupables, policiers, témoins, épaves et passants. Weegee vit et dort dans sa voiture, transformée en studio mobile, son matériel dans le coffre. Grâce à un quasi-sixième sens, il est toujours le premier sur les lieux. Au point que le bruit court qu'il est un peu médium, lui qui a souvent déjà des photos de l'événement avant même que l'info ne soit sortie.

Les quartiers généraux de la police de Manhattan sont son territoire. Pendant dix ans, à cinq meurtres par nuit. « Pas de semaine syndicale, pas de pointeuse, pas de congés, pas d'allocations chômage ni de sécurité sociale. » Pas de répit, pas de compromis, pas de frontières, pas de barrières. Des salons chics aux caniveaux, Weegee fraie avec tout le monde, tout le temps. Plus un trafiquant ne peut gagner sa place au

« top ten » des ennemis publics du FBI sans avoir été auparavant pris en photo par Weegee The Famous. Les nuits entières à écouter la radio des flics, à éplucher les appels aux commissariats de quartier. Trier, saisir, intercepter, shooter. Les voyeurs « postés sur les toits ou dans les escaliers de secours des internats pour élèves infirmières ». Les cambriolages, les accidents de la circulation, les bagarres de sortie de bar, les braquages.

Il a tout capté, les solitudes, les foules, les couples, les morts, les vivants, les branlants, les bancals, presque toujours la nuit, il ne semble avoir hésité devant aucune effraction. Il se faufile partout. Il n'a ni tabou ni pudeur, il le répète. Tout ce qu'il voit, il le prend, même dans les paniers à salade, même sous les jupes. Autant de fragments qui, mis bout à bout, composent une histoire de New York pleine de plaies et de cicatrices, de violence et de bizarre. Un pan de l'Amérique des années 1930-1940, que les autorités ne s'empressent en général pas de montrer. Le premier livre de Weegee, paru en 1945, s'appelle *Naked City*, soit littéralement « ville nue ».

La profession de paparazzi a donc bien une histoire. Ses stars, ses pratiques qui évoluent en fonction des lois (le respect de la vie privée essentiellement), ses modes et ses techniques, ses dérives, mais aussi ses constances. Une, en particulier : si l'on recoupe la liste des paparazzi célèbres avec celle des stars les plus traquées, on constate que dans l'immense majorité des cas il s'agit d'hommes qui prennent en photo des femmes. Elizabeth Taylor, Brigitte Bardot, Jackie Kennedy, Lady Di, Stéphanie et Caroline de Monaco, harcelées parfois jusqu'à la tragédie. Et Britney Spears, bien sûr, icône sacrificielle d'une société du spectacle qui, sorte de Moloch, se repaît du sacrifice de ses propres enfants. L'enfant star devenue star tout court, jetée aux chiens, après avoir été contrainte d'incarner toutes les figures de la féminité dictées par une Amérique qui oscille perpétuellement entre pudibonderie et pornographie et lui reproche, avec un plaisir à peine dissimulé, de lui avoir donné ce qu'elle réclamait : du sexe et des larmes. Toutes ces femmes épiées, jetées dans un bain désormais public.

Éclat de voix

« Tandis que Diane se baigne
dans la fontaine de Gargaphie,
Actéon errant d'un pas incertain
dans ce bocage qui lui est inconnu,
arrive dans l'enceinte sacrée,
entraîné par le destin qui le conduit.
À peine est-il entré dans la grotte
où coule une onde fugitive,
que les nymphes l'apercevant,
frémissent de paraître nues,
frappent leur sein,
font retentir la forêt de leurs cris,
et s'empressent autour de la déesse
pour la dérober à des yeux indiscrets. »

Ovide, *Les Métamorphoses*

13

Les scènes de bain épié

C'est en lisant *Les Métamorphoses*, d'Ovide (plus précisément, le livre III, strophes 138-252), que je retombe sur l'ombre de mon voyeur qui menaçait de s'effacer.

Ma culture des textes classiques, antiques, mythologiques étant ce qu'elle est, famélique (sans fausse modestie), je ne suis pas arrivée à telle lecture par hasard. Je venais de découvrir qu'on ne se documente pas sur la pulsion scopique et le trou de la serrure sans croiser la référence à un moment ou un autre. Ça faisait ainsi plusieurs fois que, dans des thèses (ou des articles sur Doctissimo, ça dépendait), je tombais sur un même nom : Actéon. Dans la mythologie grecque Actéon, donc, petit-fils d'Apollon, est un chasseur superbe, mais arrogant, transformé en cerf par Artémis (Diane) pour avoir surpris celle-ci au bain et s'être abondamment rincé l'œil. Il finit déchiqueté par la meute de ses propres chiens (limiers, lévriers, dogues et mâtins), rendus fous de rage par la déesse, qui ne comptait visiblement pas se contenter d'une petite réprimande. La dynastie des dieux gréco-romains, c'est un peu Dallas.

Forte de cette découverte mythologique, je creuse et trouve, dans les traditions antiques, un certain nombre de figures féminines matées au bain. Suzanne (et les trois vieillards), Bethsabée, Mélusine, etc.

À travers les différents récits et images que je trouve, je repère que la scène du bain épié est codifiée. Une femme se baigne dans un espace privé, qu'il soit clos ou ouvert en plein air, mais toujours dans un petit coin de nature reculé, caché, mieux à même de faire ressentir la violation de l'intimité. L'artiste se met en général à la place du voyeur et nous fait profiter de ce qu'il voit. Il nous dévoile la beauté du corps des femmes, qui n'en demandent pas tant, exprime avec délice la pudeur outragée, se délecte de la puissante charge érotique de l'intimité féminine violée.

Le regard de l'artiste (qui pervertit, comme celui du voyeur la première étape de l'amour courtois passant par le regard, ancêtre du *eye contact*) se charge ainsi de la concupiscence du regard masculin qui s'empare de la nudité féminine, comme le chasseur d'une proie, chaste ou lascive, mais toujours magnifiée.

Les trois vieillards qui épient Suzanne au bain sont toujours représentés avec le visage qui grimace et des gestes lubriques. Si le personnage du voyeur est en général mis en scène en marge du tableau, son regard qui se fixe sur la femme (qui, ne se sachant pas observée, regarde ailleurs) est là pour mieux désigner au spectateur l'objet central de la toile. Dans le cas de Suzanne, ses voyeurs vont, en plus, réussir à la faire condamner pour adultère, faute d'avoir réussi à la violer.

Le roman libertin du XVIIIe a plus que nul autre le sens du voyeurisme permanent : l'effraction du gynécée y est le Graal, le trou de la serrure un passage quasi obligé. Il s'empare de tous les objets liés à l'intimité et à la toilette féminines : le lit, le bidet, le canapé, la baignoire (encore !)... Et la plupart des personnages masculins du roman libertin semblent tous nettement partants pour courir « volontiers les risques du sort d'Actéon[1] ». Comme dans la peinture, il s'agit ici d'exposer

1. Charles-Jacques-Louis-Auguste Rochette de La Morlière, *Les Lauriers ecclésiastiques ou Campagnes de l'abbé T****, 1744, *in* Maurice Lever, *Anthologie érotique. Le XVIIIe siècle*, Robert Laffont, coll. Bouquins, 2003.

les corps féminins à l'indiscrétion masculine et mettre en scène un voyeur qui guide le regard, ou l'imagination, du lecteur et excite la curiosité par le frisson de l'interdit.

Perçant les murs de son petit hôtel pour mater des femmes pendant leur toilette, mon voyeur palois s'inscrivait bien ainsi (mais le savait-il ?) dans la tradition quasi atavique des scènes de bain épié depuis l'Antiquité.

14

Risquer un œil au judas

S'il y a bien un objet du quotidien, qui soit commun, anodin et qui, pourtant, pourrait faire partie du parfait attirail du voyeur, c'est le judas. Petite ouverture, guichet dont le nom fait écho à Judas Iscariote, le traître par excellence, le judas était pratiqué à l'origine dans un plancher pour voir sans être vu ce qui se passe au-dessous, puis dans une porte pour voir ce qu'il y a derrière. D'abord fermé d'un grillage et d'une planchette coulissante, il devient une simple lentille offrant une vue en fish-eye. Mais s'il permet bien de voir sans être vu, « trahissant » ainsi la relation, le judas se distingue d'un dispositif de voyeur en cela qu'il est globalement réservé à un lieu où il n'y en a général pas grand-chose de plus à voir que des gens habillés passant sur un palier, cherchant la bonne porte, ou attendant l'ascenseur.

Rien de moins émoustillant. L'autre gros défaut qu'un voyeur pourrait trouver à ce dispositif est que personne n'ignore son existence : il est pleinement visible, bien au milieu de la porte. Le traître ne l'est donc pas tant que ça, sa fonction de sécurité est compliquée à détourner.

Raison pour laquelle le voyeur lui préférera le trou de serrure. La silhouette courbée, un œil collé à la mortaise, archétype du voyeur dans l'imaginaire collectif, que le roman libertin du XVIIIe a largement façonné. Chez Balzac aussi, chantre du roman réaliste, on regarde par le trou de la serrure. Dans *Le Vicaire des Ardennes*[1], par exemple, où il est question du « crime capital de regarder par les trous des serrures ».

Pareil chez Proust, on colle son œil au trou de la serrure, quand on veut être indiscret, mais en toute discrétion. « Peut-être Françoise avait-elle choisi cet instant pour nous confondre, étant à écouter à la porte ou même à regarder par le trou de la serrure[2]. » Le narrateur, déjà coupable d'avoir aperçu le corps dénudé de sa mère aux bains Deligny[3], ne semble jamais hésiter à coller l'oreille à la porte, l'œil à la lucarne, surtout

1. Roman publié en 1822 sous le pseudonyme d'Horace de Saint-Aubin, considéré comme immoral, saisi et interdit dès sa parution.

2. Marcel Proust, *À la recherche du temps perdu. Le côté de Guermantes*, Gallimard, 1921.

3. *Id.*, *À la recherche du temps perdu. Albertine disparue*, 1925.

quand il perçoit des plaintes étouffées. Ainsi il ne perd pas une miette de la séance de martinet (probablement aiguisé de clous) entre Charlus et Maurice. « Je vous en supplie, grâce, grâce, pitié, détachez-moi, ne me frappez pas si fort. Je vous baise les pieds, je m'humilie[1]. » L'œil entraîné du voyeur relève illico les marques anciennes sur le corps de Charlus, attestant que les compères n'en sont pas à leur coup d'essai.

S'il sort de son salon et descend dans la rue, le voyeur voit que la ville poursuit son évolution et continue à s'étendre. À Paris, aménagé par Haussmann, l'animation grouillante s'ébroue le long des désormais grands boulevards, des artères populeuses. Un formidable terrain de chasse pour l'œil, qui voit éclore la figure du voyeur flâneur. Rôdeur curieux dont le regard attrape ce qu'il peut au gré de ce qu'il croise, englobe la foule, mais aussi les devantures et vitrines, les théâtres et les cabarets, les lumières et les ombres, les formes et les mouvements. Sans omettre les kiosques et leurs unes prometteuses.

« C'est toute l'ambiguïté du "voyeur-spectateur" qui n'arpente plus seulement les rues, mais feuillète les imprimés en quête de chair furtive. Nous formulerons donc l'hypothèse que le regard correspond à une phase initiale de "prise de pos-

1. *Id.*, *À la recherche du temps perdu. Le temps retrouvé*, 1927.

session" du corps de la femme, en vue d'un assujettissement de celui-ci à une cascade d'actes de domination à suivre jusqu'au viol, conclusion non systématique mais pointillé obsédant en filigrane de cette violence symbolique[1]. » Une violence symbolique qui imprègne largement les imprimés et leurs ribambelles de croquis suggestifs que peut accrocher le flâneur d'un coup d'œil. Dans les caricatures, il y a une volonté satirique bien sûr, et une critique sociale, mais ce n'est pas tout : « Salons mondains ou taudis sont assez largement présents pour que l'on puisse prêter aux auteurs la prétention de vouloir traverser les murs pour en dévoiler la soi-disant vérité cachée par l'opacité des parois[2]. » Esprit gaulois oblige, le grivois n'est jamais loin. Le bourgeois placé dans cette position un brin dégradante de regarder chez les pauvres par le trou de la serrure, qu'épie-t-il ? Et si le voyeur n'est pas épargné par la caricature, volontiers représenté comme un pauvre type, frustré, lubrique solitaire, il n'est à aucun moment objetisé, essentialisé comme le sont les femmes.

1. Laurent Bihl, « "L'œil était dans la tombe et regardait le câlin". Approche intermédiale du voyeur et du voyeurisme de la caricature à la bande dessinée (XIXe-XXe siècles), *in* Frédéric Chauvaud *et al.* (dir.), *À coups de cases et de bulles. Les violences faites aux femmes dans la bande dessinée*, Presses universitaires de Rennes, 2023.

2. *Ibid.*

Malgré l'éclosion du strip-tease en 1893, un « désemballage » qui, exposé sur scène, ouvre considérablement le champ de vision, le trou de serrure est plus que jamais posé comme un outil admirable pour sa force d'évocation et de synthèse, imposant durablement cette imagerie comme un tropisme presque marketé. Simple, basique.

Éclat de voix

« Je suis Madame Mode de vie des people
(Tu veux ma photo ?)
Je suis Madame "Oh mon Dieu,
que Britney est imprudente !"
(Tu veux ma photo ?)
Je suis Madame "Extra, extra ! C'est in"
(Tu veux ma photo ?)
Je suis Madame "Elle est trop grosse,
maintenant elle est trop mince"
(Tu veux ma photo ?)

Je suis Madame "Tu veux ma photo ?"
T'essaies de me faire chier ?
Ouais toi tu fais la queue avec les paparazzi
Vous me faites perdre la boule
Ils espèrent me voir commencer à faire la pagaille
Et finir avec moi avec un arrangement au tribunal
Maintenant t'es sûr de vouloir ma photo ? »

Britney Spears, « *Piece of me*[1] »

---

1. Traduction de greatsong.net

15

La trousse à outils

Le trou de la serrure étant, on l'aura compris, plus le symbole d'une pratique ou un rite initiatique qu'une solution pleinement efficace et satisfaisante, le voyeur se met vite en quête d'autres ouvertures. Quitte à les créer, à forer le bon angle. Il perce les portes, les murs, poinçonneur de l'intime. Des chambres à coucher, des salles de bains d'hôtel, à Pau ou ailleurs. Pour ce faire, il s'est constitué sa trousse à outils : vrille, lime à ongles, glace de poche…

Un des voyeurs qui se confient à Hennig raconte, avec un plaisir et une nostalgie manifestes l'âge d'or du « métier » : « C'est vrai qu'il y avait chez le voyeur ce côté mécano, ou bricoleur de l'imaginaire. Toujours une astuce pour trafiquer un volet, se faufiler sur les balcons, poser des pièges, truquer un taxi. On avait toujours l'impression qu'il pouvait démonter la ville. Il y a toujours un folklore sur les outils du voyeur. Une vraie panoplie. Et deux mallettes : l'optique, avec la lunette marine, la lorgnette et le miroir, et puis le bricolage, avec les chignoles, les mèches de huit et la lime à ongles[1]. » Mais on parle ici d'une époque où les portes n'étaient pas trop épaisses. Hélas ! Les temps ont changé, comme le déplore un bricoleur à présent dépassé : « Avec les portes épaisses, il y a plus moyen de rien voir. Tandis que dans les portes minces d'autrefois, il y a des quantités de trous. Ceux que les autres ont faits avant. »

Et puis, aujourd'hui, la technologie a relégué au placard les bons vieux outils de ces fort sympathiques voyeurs d'antan. Aujourd'hui, les voyeurs sont devenus des espions professionnels utilisant tout ce que les technologies nouvelles de la surveillance mettent à leur disposition, des caméras aux appareils photo miniaturisés, en passant, pourquoi pas, par les judas numériques dotés d'une caméra pour enregistrer ce qui se passe de l'autre côté de la porte d'entrée. Tant de gadgets, simples d'utilisation, accessibles en ligne à des prix défiant toute concurrence.

Pas besoin d'aller chercher bien loin, *via* n'importe quel moteur de recherche, pour tomber par exemple sur des sites comme camera-espion.com,

1. Jean-Luc Hennig, *Morgue*, *op. cit.*

qui se vante d'être le premier site français à « vendre tout produit d'investigation, de vidéosurveillance et de caméra espion, GPS depuis 1998 » et de garantir une livraison « rapide et TRÈS discrète ». Autre exemple, à portée de clic : Amazon, bien évidemment, qui propose la minicaméra de surveillance intérieure sans fil 4K HD, enregistrement avec wifi, détecteur de mouvements et vision nocturne, à 49,99 euros. Ou la caméra espion 1080P, qui présente les mêmes fonctionnalités, mais est, de plus, camouflée dans ce qui ressemble à s'y méprendre à un chargeur USB, la rendant ainsi complètement invisible. « Un design si brillant que personne ne remarquera qu'il y a une caméra cachée à l'intérieur de ce minichargeur », vante l'argumentaire commercial avec enthousiasme, soulignant également l'absence de lumière clignotante lors de l'enregistrement, ce qui la rend indétectable, avant de décliner les usages de cet appareil « particulièrement adapté à la maison, à la chambre, à l'hôtel, à l'auberge, au travail, au bureau, à l'hôpital ou ailleurs ». Le tout pour 59,99 euros.

Plus besoin d'être Crésus, donc, pour être un voyeur de haute volée. Même plus besoin de la moindre compétence technique pointue. Les outils que les enquêteurs avaient retrouvés chez Pete Forde sont désormais à la portée de chacun.

Pete Forde est un voyeur exemplaire, une sorte de Gerald Foos canadien 2.0. Un gars sympa, jovial, bon camarade, serviable, ancien petit gros trop intelligent pour ses copains de classe, bidouilleur de génie, as du code. Mais dont on va découvrir qu'il filmait ses colocataires (entre autres) dans leurs moments les plus intimes. Une histoire qui, quand elle éclate, va en traumatiser plus d'un. Plus d'une surtout.

Parmi elles, la journaliste freelance Katherine Laidlaw qui, en novembre 2018, dans un long article pour le magazine *Toronto Life* propose une « plongée dans le monde sinistre de l'espionnage sportif », contribuant à médiatiser l'affaire[1].

Pete Forde, que Katherine Laidlaw décrit comme un « caméléon social, aussi à l'aise avec les punks anarchistes qu'avec les investisseurs providentiels », était P-DG d'une petite entreprise de technologie basée à Toronto, itsme 3D, qui créait des avatars 3D de personnes réelles désireuses de participer sous cette forme à des jeux de réalité virtuelle. Un type un peu excentrique, inoffensif en apparence, et donc rassurant pour de nombreuses jeunes femmes vulnérables. La journaliste note que « beaucoup des amies [de Forde] avaient été maltraitées physiquement ou

1. Katherine Laidlaw, « Inside the Mind of a Voyeur », *Toronto Life*, octobre 2018.

psychologiquement, cherchaient du réconfort et de la sécurité et le voyaient comme un ami sûr et attentif ». Il y aura bien une ex-petite amie pour témoigner du fait qu'il l'avait encouragée à uriner devant lui, en laissant la porte des toilettes ouverte, mais franchement rien de très alarmant. Même pas cette petite tendance à se montrer parfois insistant malgré les refus, comme s'il avait du mal à admettre qu'« une relation intime n'était pas un programme qu'il pouvait écrire », ou la valse de ses colocataires, le plus souvent des femmes plus jeunes que lui – cinquante-quatre se seraient succédé dans sa maison de Toronto (trois chambres, deux salles de bains, piscine sur le toit, jacuzzi partagé et loyer attractif).

Du moins avant cet après-midi d'août 2017, où un employé d'itsme 3D, un codeur qui se trouve être aussi un ancien colocataire de Forde, découvre un accès détourné aux fichiers personnels de ce dernier en tentant de débuguer un programme et tombe sur plus de cent cinquante dossiers étiquetés chacun d'un prénom de femme. Et parmi ces dossiers, un qui porte le prénom de sa propre ex-petite amie. Le codeur l'ouvre, on le comprend. Il découvre des selfies nus qu'elle lui avait envoyés, mais que Forde n'avait aucune raison d'avoir en sa possession. Ouvrant alors d'autres dossiers, l'employé découvre une multitude de photos d'entrejambes, prises sous les jupes, depuis des escaliers ou sous les tables, de clichés de femmes nues, n'ayant pas du tout l'air au courant qu'elles sont photographiées, de vidéos d'une des colocataires de Forde sous la douche. Il transfère tout sur une clé UBS qu'il remet à la police.

Lors de la perquisition qui s'est logiquement ensuivie au domicile de Forde, les policiers ont découvert plusieurs caméras cachées « dans de longs cordons qui ressemblaient à des câbles Internet courant le long des murs », ainsi que plusieurs « accessoires » venant compléter la panoplie du voyeur ultramoderne. Une caméra « serpent » ou endoscope, un faux chargeur/adaptateur abritant une caméra minuscule (voir p. 115 pour les spécificités techniques, dans le descriptif de mon panier de commande Amazon[1]), des lunettes dont la monture (épaisse) dissimule une caméra miniature, ou encore un stylo sur le même principe, mais qui écrit quand même pour de vrai pour pouvoir faire genre. Et des piles de disques durs contenant des décennies de fichiers.

Momentanément incarcéré dans une cellule de la 14e division pour éviter qu'il ne détruise les preuves, Forde se retrouve sous le coup de sept chefs d'accusation de voyeurisme avant d'être finalement libéré sous caution en attente d'un procès. Mais il ne craint pas grand-chose. Déjà, il

1. Panier que je n'ai pas validé.

n'a pas de casier. Et puis, comme l'écrit Katherine Laidlaw, « le voyeurisme est un crime curieux, et c'est assez nouveau dans le Code criminel. Historiquement au Canada, les actes de voyeurisme ont été poursuivis sous des accusations de rôdage nocturne. Mais au début des années 2000, la technologie évoluait à une vitesse hypersonique et la loi devait rattraper son retard. En 2005, après des années de lobbying, le ministère de la Justice a modifié le Code criminel pour inclure le voyeurisme en tant qu'infraction distincte. » Forde ne sera pourtant pas inquiété. Aucun des sept chefs d'accusation ne sera prouvé devant le tribunal. Certes il perdra son boulot, se retrouvera gentiment ostracisé, plus sanctionné finalement par l'opprobre social que par la loi.

Ses victimes, elles, cherchent toujours à comprendre et échafaudent des hypothèses. Celle du gars égaré dans la réalité virtuelle qui ne voit dans sa « grossière violation » qu'une simple « extension naturelle de cette fausse existence ». Ou encore celle de l'ami qui a donné généreusement de l'argent, des conseils de carrière, des boulots, des contacts et qui se payait en retour par des « gages d'intimité ».

16

Comme une épidémie tranquille

Les chiffres avancés par Katherine Laidlaw au détour du cas qu'elle épluche (864 actes de voyeurisme signalés au Canada en 2017) sont suffisamment éloquents pour mériter un petit tour sur la Toile canadienne, histoire de voir. Et on en a pour son argent. Petit florilège :

Février 2017. Un homme originaire de Toronto est arrêté pour avoir dissimulé une caméra à sténopé dans un thermos laissé à l'intérieur des toilettes d'un centre de santé communautaire pour filmer les membres du personnel.

Juin 2017. Un homme de Calgary, Jeffrey Williamson, est arrêté, accusé de voyeurisme et de distribution de matériel lié à du voyeurisme. Sur un compte Twitter comptant 17 000 abonnés au moment de sa suspension, il a diffusé pendant près d'un an des centaines de photos et de vidéos de passantes filmées à leur insu, parfois sous leur jupe.

Une représentante de l'Assemblée législative témoigne avoir surpris un individu en train de glisser un smartphone sous la porte des toilettes des femmes dans « l'un des lieux publics les plus populaires de Winnipeg ».

2018, à Toronto, des caméras cachées sont découvertes dans les toilettes d'un Starbucks et une autre, camouflée en prise électrique, dans les toilettes d'un restaurant de Scarborough.

2019, Ryan Jarvis, un ancien enseignant d'une école secondaire du sud-ouest de l'Ontario, a été condamné à une peine de prison pour avoir filmé, à l'aide d'une caméra dissimulée dans un stylo, près d'une trentaine d'élèves, zoomant surtout sur la poitrine et le décolleté des jeunes filles. Le juge n'étant alors pas convaincu que les vidéos avaient été tournées à des fins sexuelles, il est acquitté une première fois en 2015. Acquittement confirmé par la cour d'appel au motif que les élèves ne devaient pas avoir d'attentes en matière de protection de leur vie privée dans les zones publiques de l'école. Il faudra attendre le jugement de la Cour suprême du Canada pour que l'enseignant soit reconnu coupable de voyeurisme et condamné à une peine de six mois de prison ferme et de douze mois avec sursis. L'affaire Jarvis constitue alors une jurisprudence qui redéfinit les termes de l'infraction[1].

En élargissant le tour de piste, la tendance se confirme de manière évidente. Partout dans le monde, et aux États-Unis, pays des superlatifs, immanquablement. Sur Google, l'histoire de Gerald Foos apparaît dès les premières entrées.

Et puis cette autre histoire modèle en 2014, celle de Maria et Derek Broaddus, qui achètent un joli pavillon dans une banlieue new-yorkaise cossue. Mais leurs cartons à peine posés, le couple reçoit un premier courrier de la part d'un individu les avertissant que sa famille « surveille » la demeure depuis des décennies, et qu'il entend bien continuer. « Je passe devant la maison plusieurs fois par jour. Le 657, c'est mon métier, ma vie, mon obsession. Et maintenant, vous aussi, famille Broaddus. Bienvenue, mes amis, bienvenue. Que la fête commence. » La lettre est signée : « Le Voyeur ». Pendant cinq ans, la famille va être harcelée de missives détaillant leurs faits et gestes de manière effroyablement précise. Incapables de mettre fin à cet enfer et de découvrir l'identité de leur voyeur (un peu corbeau aussi), les Broaddus finissent par vendre

1. Radio-Canada, le 28 août 2019 (https://ici.radio-canada.ca/nouvelle/1277558/prison-ryan-jarvis-voyeurisme)

la maison, à perte, et les droits de leur histoire à Netflix, qui en tirera *The Watcher*. Août 2018, plus « classique » (quoi que), le *Washington Post* rapporte la plainte de plus de cent cinquante femmes, victimes de l'« éminent rabbin orthodoxe » d'une synagogue de Washington qui les a, pendant de longues années, filmées à leur insu à l'aide d'une caméra dissimulée dans la pièce où elles procédaient (dévêtues) aux ablutions rituelles[1].

En Allemagne, à présent. Outre un spot de prévention (mis en ligne en 2018) contre le voyeurisme des accidents routiers, fléau qui s'étend de plus en plus sur les réseaux sociaux, on trouve des articles du *Spiegel* déplorant le voyeurisme de nombreux « touristes de catastrophes » attirés par les inondations massives survenues à l'ouest du pays, les plus meurtrières depuis près de soixante ans. « Beaucoup veulent aider, d'autres ne font que regarder. Alors que l'aide afflue de toutes parts vers l'ouest de l'Allemagne après les intempéries et inondations massives survenues dans le pays, le journal déplore que certains curieux viennent se distraire sur la misère des autres. » En avril 2015, *Frankfurter Rundschau* publie un

1. Le rabbin Bernard « Barry » Freundel est condamné à six ans de prison et à verser 14,25 millions de dollars (8,5 millions d'euros) de dédommagement aux victimes.

article sur le débat déontologique entourant les dérives voyeuristes des médias dans l'affaire du crash de l'A320 de la Germanwings. De nombreux journaux sont pointés du doigt pour avoir publié sans restriction toutes les informations accessibles sur la tragédie aérienne, sur le copilote suicidaire et sur les victimes. « En ce sens, le cas de la Germanwings s'inscrit dans le cadre de deux tendances actuellement à l'œuvre dans le paysage médiatique. La frontière entre le journalisme sérieux et le voyeurisme sans conscience se brouille. »

Si en remontant un peu le temps (merci le droit à l'oubli ignoré), je tombe bien sur le cas (saisissant) d'un gynécologue, Joachim K., cinquante-six ans, accusé en 2011 d'avoir photographié ses patientes en cachette, je constate néanmoins qu'en Allemagne les affaires de voyeurisme sexuel ne sont pas celles qui semblent émerger le plus vite d'une recherche sur Internet. L'ordinateur du gynécologue regorgeait d'« images de parties intimes », de plus de trois mille de ses patientes, filmées à leur insu. Quelque trente-cinq mille images auraient été retrouvées à son domicile. Plus de sept cents femmes ont porté plainte. Et si le médecin risque un an de prison, c'est apparemment plus pour la violation du code déontologique de sa profession que pour celle de la loi sur l'atteinte à la vie privée.

Avril 2018, dans les Deux-Sèvres, en France. Un médecin, accusé d'« atteinte à l'intimité de la vie privée par fixation, enregistrement ou transmission de l'image d'une personne présentant un caractère sexuel », est condamné par le tribunal correctionnel de Niort à six mois de prison avec sursis, une obligation de soins et l'indemnisation de la victime à hauteur de 3 500 euros, pour avoir filmé les examens gynécologiques d'une patiente, à son insu, avec le smartphone de son fils posé sur le bureau. C'est l'épouse du mis en cause qui, voulant récupérer le téléphone que réclamait son fils, a découvert les images. Il ne tombera pas sous le coup d'une interdiction d'exercer, la zone géographique concernée manquant déjà cruellement de médecins[1].

Juillet 2018, à Givors (métropole de Lyon). Alors que le Sénat puis l'Assemblée nationale votent le texte prévoyant la création d'un délit de « captation d'images impudiques », en vertu d'un amendement ajouté lors du premier passage au Sénat début juillet, un homme de 26 ans est interpellé dans un parc alors qu'il prend des photos sous les jupes « de femmes et de jeunes filles ». Le même jour, le même quotidien régional

1. *La Nouvelle République*, 8 décembre 2021.

Le Progrès, rapporte un autre cas de voyeurisme : un homme est interpellé pour avoir dissimulé une petite caméra dotée d'une carte mémoire dans le matériel de nettoyage des toilettes d'un centre commercial de Saint-Priest.

Octobre 2018, à Mourioux-Vieilleville (Creuse). Un quadragénaire, bon père de famille en apparence, est accusé d'avoir installé, à Guéret et à Limoges, de nombreuses caméras dans des toilettes publiques pour femmes, des commerces et des toilettes de boîtes de nuit. Lors de la perquisition de son domicile, les policiers découvrent des stylos et des lunettes-caméra, des dizaines d'ordinateurs, de disques durs externes et autres clés USB, ainsi qu'un radio-réveil, un détecteur de fumée et de fausses prises électriques, tous permettant de capter des vidéos. Ce sont des milliers d'habitantes qui ont été filmées à leur insu. L'homme est qualifié par la police de « dangereux », « d'autant plus dangereux qu'il ne voit pas vraiment où est le mal » et que l'examen des disques durs a également révélé des images pédopornographiques. L'homme est par ailleurs suspecté de viol sur une femme handicapée[1].

Septembre 2021, à Gandrange (Moselle). Une des rares femmes employées par le groupe

1. *Le Parisien*, 30 mars 2018.

sidérurgique ArcelorMittal dénonce auprès des autorités des faits de voyeurisme, après avoir découvert un trou percé à hauteur de ceinture dans le mur des toilettes des femmes. D'autres employées, interrogées par les RH, qui préfèrent d'abord régler l'affaire en interne, affirment toutes qu'elles ont déjà aperçu une silhouette glissant un téléphone portable sous la porte des toilettes. Les soupçons se tournent vers Florent C., qui a déjà fait l'objet d'une mise à pied durant deux jours, en 2018, pour avoir téléchargé, sur son lieu de travail et avec le matériel informatique de l'entreprise, plusieurs films pornographiques. Une enquête préliminaire pour voyeurisme aggravé est ouverte. Plus de cent sept mille photos et deux cent six vidéos de femmes en train d'uriner dans les toilettes de l'entreprise sont découvertes dans l'ordinateur professionnel de Florent C. Quatre employées se reconnaissent sur les images, trois d'entre elles portent plainte. Au domicile du suspect, des photos et des vidéos de femmes prises à leur insu, sur ses lieux de vacances, sont également découvertes dans son ordinateur personnel. Formellement identifié sur une des vidéos, l'ingénieur est interpellé sur son lieu de travail, placé en garde à vue et licencié d'ArcelorMittal, qui a « mis en place une cellule psychologique sur le site ainsi qu'une ligne téléphonique de soutien dès le lendemain de l'établissement des faits[1] ». Il est condamné par le tribunal correctionnel de Thionville, le 25 janvier 2023, à trois ans de suivi socio-judiciaire pour voyeurisme aggravé. Il devra aussi indemniser les victimes à hauteur de 2 000 euros chacune et sera inscrit au fichier des délinquants sexuels.

Juin 2023, à Vitry-sur-Seine. La Bac arrête un homme de 55 ans en flagrant délit, à l'arrêt de tram Beethoven-Concorde, avenue de Stalingrad, alors qu'il photographiait « les fesses et les culottes des femmes » attendant le tramway. Il est placé en garde à vue pour voyeurisme[2]. Cela a bien eu lieu presque un an jour pour jour après l'interpellation de l'avocat parisien qui prenait des photos sous les jupes des filles dans le métro. Les policiers avaient été alertés par plusieurs témoins dénonçant les « agissements d'un pervers ». L'article du *Parisien* (du 13 juin 2022) précise que le « satyre » risquait d'être convoqué devant le tribunal correctionnel et d'écoper de quelques mois de sursis. « Mais il devra aussi rendre des comptes devant le conseil de l'ordre des avocats car c'est un métier où l'on doit avoir un casier judiciaire vierge pour pouvoir exercer. »

À travers ces affaires plus ou moins exemplaires qui s'accumulent chez nous comme ail-

1. *Le Parisien*, 23 janvier 2023.
2. *Le Parisien*, 11 juin 2023.

leurs, une nouvelle typologie du voyeurisme se dessine qui en précise l'évolution. L'empreinte technologique est désormais évidente, entérinant l'évolution profonde d'une pratique que la loi s'est appliquée à cerner. On se rappelle la modification de l'article 226-1 (« Atteinte à la vie privée ») en vigueur depuis le 1er août 2020, par la loi n° 2020-936 du 30 juillet 2020 article 17, qui met clairement en avant la dernière circonstance aggravante citée par la loi n° 2018-703 : le fait de filmer, d'enregistrer ou de transmettre les images d'une personne sans son consentement.

Mais deux éléments semblent résister au changement : la compulsion et la relative impunité qui continue de régner.

Le voyeur est donc, en général, un homme obsédé par sa pratique, ultra-équipé et renforcé dans ses agissements par un sentiment d'impunité. La victime est, en général, une femme.

Si le voyeur tend à réapparaître dans la chronique des faits divers, il se dégage du traitement de toutes ces histoires qui émergent à peine le triste sentiment qu'on ressent parfois face à un narratif reléguant les faits au rang d'anecdotes empilées entre ragots croustillants et étrangeté malsaine. La plupart des articles concernés nous parlent du voyeur, mais rarement de ses victimes et du traumatisme qu'elles ont subi. Les mots ne sont jamais posés clairement sur ce dont le voyeurisme relève presque toujours : la violence des hommes contre les femmes.

Le déchiffrage (pas toujours évident) des commentaires laissés sur les sites des journaux en ligne à la suite de certains articles le souligne. Pour preuve, quelques exemples édifiants sous l'article consacré au voyeur du tram de Vitry-sur-Seine :

TaktokB722, 12 juin 2023, 13 h 01 : « Habillez-vous mesdames et ça n'arrivera pas. »
PatrickH858, 11 juin 2023, 18 h 32 : « Une perche et voilà !! »
Rick Horay, 11 juin 2023, 18 h 15 : « Pas très malin ce voyeur (ou très malade) car il n'aurait qu'à aller à la piscine ou sur la plage et sagement regarder autour de lui, sans se cacher, pour voir la même chose sans risque d'aller en prison. »
Jean-laurentD705, 11 juin 2023, 16 h 10 : « C'est pourtant joli… cet artiste n'est pas reconnu à sa juste valeur… »
Sentenza1966, 11 juin 2023, 15 h 47 : « Et si ce genre d'individu tombe sur une femme qui a un grave problème d'hygiène, est-ce que cela pourrait suffire pour le traumatiser et changer de loisir ? »

Éclat de voix

« Le voyeurisme, encore appelé *upskirting* (filmer sous les jupes), est un comportement visant par l'usage de tout moyen à épier une personne au niveau de ses parties intimes, cachées ou non par des habits ou sous-vêtements, sans qu'elle le sache ou qu'elle s'en doute et sans son consentement. Les faits de voyeurisme peuvent se produire tant dans des lieux clos, comme des cabines d'essayage et les toilettes, que dans des lieux ouverts privés ou publics, comme dans les transports en commun. Le voyeurisme constitue une forme grave de violences sexuelles et sexistes. Le Luxembourg n'est pas épargné de ce phénomène qui n'est pas nouveau et qui a pris de l'ampleur avec l'émergence des réseaux sociaux et des nouvelles technologies. Après avoir constaté qu'au vu de l'interprétation stricte de la loi pénale de tels comportements ne rentrent dans aucune catégorie des infractions existantes, le Luxembourg a renforcé son dispositif pénal en matière de violences sexuelles et sexistes en pénalisant le phénomène du voyeurisme. En effet, les faits en question ne pouvaient jusqu'à présent

ni être qualifiés d'attentat à la pudeur,
ni d'outrage public aux bonnes mœurs,
ni d'atteinte à la vie privée.
Afin de pouvoir dénoncer ce fléau sociétal
avec insistance, un nouvel article 385 *ter*
qui sanctionne *le fait d'user*
de tout moyen afin d'apercevoir les parties intimes
ou les sous-vêtements d'une personne que celle-ci,
du fait de son habillement ou de sa présence
dans un lieu clos, a caché à la vue des tiers, lorsqu'il
est commis à l'insu ou sans le consentement
de la personne, a été introduit dans le Code pénal.
Des circonstances aggravantes sont prévues
lorsque notamment la victime est mineure ou vulnérable,
lorsque l'infraction est commise par une personne
qui abuse de l'autorité conférée par ses fonctions,
lorsque l'infraction est commise par plusieurs auteurs
ou complices, lorsqu'elle est commise dans les transports
collectifs ou lorsque les images sont diffusées,
transmises, enregistrées ou fixées notamment
via les réseaux sociaux et les nouvelles technologies.
Ainsi le Luxembourg rejoint non seulement la France,
la Belgique, l'Allemagne ou encore le Royaume-Uni,
qui ont également adapté leur législation en la matière,
mais offre aussi une sécurité juridique aux victimes
potentielles et un cadre légal qui permet de préserver
leur intégrité sexuelle, physique et psychologique. »

« Pénalisation du voyeurisme », violence.lu
(gouvernement du grand-duché de Luxembourg),
août 2022

17

Sentez-vous chez vous partout dans le monde

Si le voyeur « moderne » ne semble plus condamné à rester posté derrière les serrures des portes de salles de bains, la miniaturisation des caméras combinée à l'émergence d'un nouveau modèle d'hébergement vont soudain lui ouvrir un autre terrain de chasse que les transports ou la rue : les Airbnb.

Créé en 2008 par deux Californiens, Airbnb (initialement Airbed and Breakfast, « matelas gonflable et petit déjeuner » en français) est une *success story* comme les chérit l'Amérique. Une plateforme communautaire proposant à la location des logements de particuliers, d'entreprises hôtelières (gîtes, chambres d'hôte et d'hôtel) et d'investisseurs en immobilier locatif para-hôtelier qui devient rapidement un phénomène d'ampleur mondial fondé sur une promesse simple :

un revenu complémentaire pour l'hôte et l'assurance d'une expérience authentique (et moins chère que l'hôtel) pour le voyageur, à qui on annonce qu'il va pouvoir se sentir partout dans le monde comme à la maison. En 2015, le site propose plus de 1,5 million d'annonces dans trente-quatre mille villes et cent quatre-vingt-douze pays.

Mais toutes les médailles ayant leur revers, des ombres apparaissent vite au tableau, ternissant le blason d'une société qui s'était opportunément parée des symboles de l'économie collaborative et du partage. Airbnb vide des quartiers entiers de ses habitants, la croissance exponentielle de l'investissement locatif faisant grimper les prix de l'immobilier. Le « plus qu'une entreprise, un mouvement » passe de moins en moins bien, tandis que les offres d'hébergement dans des logements calibrés à grand renfort de mobilier suédois cheap en kit finissent de dévoyer le concept déjà bien déshumanisé.

Mais dès 2017, aux États-Unis, émerge un problème qui n'avait pas du tout été anticipé par le modèle : la multiplication des actes de voyeurisme.

Octobre 2017, à Longboat Key (Floride). Un couple ayant loué un logement *via* Airbnb découvre une caméra dissimulée dans le détecteur de fumée de la chambre à coucher, au-dessus du lit. Le loueur, que la police soupçonne d'avoir espionné plusieurs dizaines d'autres personnes, enregistrait les « activités sexuelles » des locataires grâce à deux caméras cachées.

Janvier 2018, à Cran-Gevrier[1] (banlieue d'Annecy). Sept amis qui ont loué l'appartement d'un informaticien de 45 ans, pour le week-end du Nouvel An, découvrent une caméra cachée dans un radio-réveil « à l'aspect étrange et placé de manière incongrue dans la salle de bains face à la douche », puis un « second appareil du même type » dans l'une des chambres, face au lit. Arrêté par la police, le loueur « avoue dans la foulée avoir sévi de la sorte depuis la mise en location de son logement sur Airbnb voici déjà trois ans ». Ses victimes se comptent donc potentiellement par dizaines, puisque le voyeur avait reçu chez lui pas moins de quatre-vingt-dix clients rien qu'en 2017. Garde à vue, enquête, saisie du matériel informatique et analyse des disques durs.

Mars 2019, en Irlande. Une famille qui logeait dans un Airbnb a trouvé une caméra cachée dans un détecteur de fumée, qui semblait enregistrer et diffuser en direct ce qui se passait dans le logement.

1. *Le Dauphiné libéré*, 4 janvier 2018.

Septembre 2018, en Seine-et-Marne. Un loueur Airbnb filmait les touristes avec un radio-réveil truqué posé dans la chambre à coucher. Son téléphone portable, saisi par la police, contenait plus de deux mille vidéos. Au moins quatorze victimes, venues de toute la France, sont identifiées, toutes avaient été filmées à leur insu dans la chambre à coucher, entre fin 2014 et début 2018. Le voyeur dit avoir acquis son matériel sur Internet en 2014. Il affirme avoir installé le radio-réveil « par curiosité » et pour se prémunir d'un cambriolage. Il n'aurait en revanche pas diffusé les images. Il fera l'objet d'un simple rappel à loi.

Août 2020, à Perpignan (Pyrénées-Orientales). Un homme âgé de 59 ans a été condamné à un an de prison avec sursis probatoire pour avoir filmé à leur insu les locataires de son Airbnb, à l'aide d'une GoPro miniature cachée dans la grille d'aération de la salle de bains. Son ordinateur contenait aussi des images pédopornographiques.

Septembre 2021, à Tourcoing. Une habitante porte plainte après avoir découvert qu'un de ses locataires Airbnb avait installé une caméra dans sa salle de bains. Le trentenaire, originaire de banlieue parisienne, est décrit comme bienveillant et discret, son profil d'utilisateur est noté 5/5. Il n'est resté qu'une nuit, pour raisons professionnelles, mais il a eu le temps d'installer une caméra. « Quand je suis entrée dans la pièce, mon œil a tout de suite été attiré par une lumière bleue, cachée dans le plafond. Je me suis approchée, j'ai compris que c'était une caméra. » Quand les policiers saisissent les téléphones du locataire et ses disques durs, ils découvrent des dizaines de vidéos de femmes nues enregistrées à l'insu de ces dernières dans des lieux différents.

Décembre 2022, à Rouen. Une jeune femme dépose plainte après avoir découvert des caméras cachées dans un réveil posé sur une étagère face aux toilettes et une multiprise USB, dans un logement qu'elle avait loué sur Airbnb. « Nous avons quitté le logement vers 11 heures, dimanche, et j'ai emporté avec moi le réveil et la multiprise. Mon père les a démontés et a regardé ce qu'il y avait sur les cartes SD. Et il y avait des images de moi dans la douche, de mes amis allant aux toilettes ! C'est horrible ! »

Bien d'autres clients d'Airbnb, partout dans le monde, déclarent avoir trouvé des caméras dissimulées dans des lampes, des routeurs wifi, derrière des miroirs… Les cas signalés se multiplient. Malgré les dénégations de l'entreprise, qui se défend mollement, le phénomène prend des proportions préoccupantes.

Au Canada, la Cour du Québec qualifie même ce délit de « fléau social dont l'ampleur est directement proportionnelle à l'évolution de la technologie ». Là-bas, un cas de voyeurisme 2.0 est rapporté tous les deux jours : trois fois plus qu'en 2010. En France, les derniers chiffres qui remontent à 2017 parlent de 857 infractions constatées[1], mais le ministère de l'Intérieur, contacté par *Libération*, reconnaît qu'« il ne recense pas encore de phénomène de délinquance lié à ce type de pratique ».

Sans surprise, la plateforme Airbnb ne répond aux sollicitations sur le sujet que par des laïus calibrés qui assurent que « ce comportement va à l'encontre des valeurs d'Airbnb ». Et d'assurer que l'entreprise a fait le nécessaire, de manière irréprochable : « Nous avons retiré l'utilisateur en cause de la plateforme, dès que l'affaire a été portée à notre attention. Nous avons apporté notre soutien à l'hôte et nous sommes disposés à soutenir les efforts de la police dans son enquête. » Avant de minimiser l'ampleur du phénomène : « Nous avons enregistré plus d'un milliard d'arrivées voyageurs sur Airbnb à ce jour, les problèmes de ce type sont incroyablement rares. » Airbnb répète mécaniquement qu'est appliquée « une politique stricte concernant l'usage de dispositifs de surveillance dans les logements proposés ». Ainsi, seuls sont autorisés les dispositifs

1. « Locataires filmées à leur insu : Airbnb sous hôte surveillance », *Libération*, 11 mars 2023.

déconnectés, « à condition qu'ils soient éteints et divulgués à l'avance aux voyageurs », filmant un espace commun ou une entrée. Les dispositifs de surveillance dans des pièces privées, comme les chambres, salles de bains et le salon, sont strictement interdits. En cas de plainte, la plateforme présente des excuses aux victimes, des remboursements (parfois). Mais, si Airbnb agite la menace de « mesures fermes contre quiconque enfreindrait nos règles », en réalité rien ne se passe, et les voyeurs dont le compte est fermé n'ont besoin que de quelques minutes pour s'en créer un nouveau.

Certaines victimes se plaignent du « manque de soutien de la part d'Airbnb. On est laissés à l'abandon alors que ce sont des faits graves[1] », explique Laurence. Elle souhaite donc lancer l'alerte pour prévenir les utilisatrices d'Airbnb.

Entre vides juridiques, hypocrisie commerciale et laisser-faire relatif, les utilisateur·ice·s préfèrent s'armer tout·e·s seul·e·s, échangeant conseils, applis, tutos pour détecter les caméras dissimulées. À la guerre comme à la guerre, en rangs resserrés, les victimes se sentent moins isolées, moins solitaires.

1. *L'Aisne nouvelle*, 3 septembre 2021.

18

Un syndrome coréen

La Corée du Sud est un des pays les plus connectés au monde (90 % des habitants possèdent un smartphone) et une société extrêmement patriarcale – 117e au classement du Forum économique mondial en matière d'égalité femmes-hommes. C'est aussi, drôle de coïncidence, un pays où pullulent *revenge porn*, *slutshaming* et caméras espions, au point que le phénomène a un nom, le *molka* : « Une forme de voyeurisme pratiquée en Corée du Sud. Des personnes, généralement des femmes, sont filmées à leur insu, dans leur intimité. Les images ainsi obtenues sont ensuite diffusées sur Internet[1]. » En 2017, on recense six mille cinq cents cas signalés de victimes filmées dans des toilettes, des vestiaires,

1. Définition du phénomène donnée par Wikipédia.

des transports, sous leur jupe tandis qu'elles marchaient dans la rue ou même parfois par des proches pendant leur sommeil. Soit dix-sept cas chaque jour. Les images sont souvent mises en ligne à l'insu des victimes, dont 80 % sont des femmes[1]. Environ 98 % des coupables, sans surprise, sont des hommes. Ce sont pourtant les très rares cas incriminant des femmes qui sont jetés en pâture à la presse, leur identité dévoilée, alors que l'anonymat des hommes reste largement respecté. Mais il ne faut évidemment pas y voir autre chose que la force d'illustration de l'exception, plus à même de frapper l'opinion.

Un des sites spécialisés dans le *molka* les plus connus était Soranet, fermé en 2016 et qui, selon l'agence de la police sud-coréenne, comptait plus d'un million de membres. Il diffusait du *revenge porn*, des images prises par des caméras espions, allant jusqu'à lancer des invitations à assister au viol d'une *golbaengi-nyeo* (« fille escargot de mer »), un terme qualifiant une femme inconsciente parce que droguée[2].

Le 21 mars 2019, *The Korea Herald* titre à la rubrique « Scandale » : « 1 600 clients espionnés dans des hôtels ». Mille six cents clients, ayant dormi dans quarante-deux chambres de

1. *The Korea Herald*, 21 mars 2019.
2. Philippe Mesmer pour *Le Monde*, le 29 juin 2018.

trente hôtels différents, disséminés à travers dix villes de Corée du Sud, ont ainsi été filmés à leur insu entre le 24 novembre et le 2 mars 2019, et les images illicitement recueillies (huit cent trois vidéos), aussitôt diffusées sur un site internet payant hébergé à l'étranger. Quatre personnes sont impliquées dans ce scandale, « deux ont été formellement arrêtées pour diffusion de vidéos enregistrées illicitement ». Les chiffres cités révèlent à eux seuls l'ampleur du dossier. Les caméras espions, « dotées d'objectifs de 1 millimètre », étaient dissimulées dans des meubles télé, le support des sèche-cheveux, des décodeurs ou des prises électriques. Dans un article détaillant l'affaire[1], Philippe Mesmer, correspondant pour *Le Monde* à Tokyo, précise que « les motels sont particulièrement ciblés, car ils proposent, dans des décors parfois kitchissimes, pour quelques heures et souvent pour quelques dizaines de milliers de wons, un moment intime à des couples en quête de discrétion, voire d'aventure ». Les chiffres précisent également que seulement 2 % de ces voyeurs écopent d'une peine de prison. Une relative impunité qui explique en partie la propagation du phénomène.

1. *Le Monde*, le 23 mars 2019.

« Si nous ne pouvons pas identifier une victime, nous ne pouvons pas sévir contre les images », justifie mollement un représentant de la division de la cybercriminalité de la police nationale. « Si nous obtenons des informations précises sur les victimes, nous enquêtons, bien sûr. Sinon, il nous est impossible de travailler sur toutes les séquences mises en ligne et déterminer s'il s'agit de cas d'espionnage illégal[1]. » Les autorités, elles, se contentent de demander aux policières d'inspecter régulièrement les toilettes publiques réservées à leurs concitoyennes et d'apposer des panonceaux informatifs devant les escalators : « S'il vous plaît, rabattez votre jupe. »

Mais la colère des Sud-Coréennes gronde. Le 9 juin 2018, elles étaient plus de vingt-deux mille à défiler à Séoul pour protester contre l'impunité dont bénéficient les auteurs de *molka* et pour crier leur colère face au sexisme structurel de la société. Leur slogan : « Ma vie n'est pas ton film porno ».

1. *Le Monde*, 29 juin 2018.

Éclat de voix

« Le fantôme vivait dans les toilettes pour femmes
et il aura fallu deux moines bouddhistes
pour en venir à bout. L'histoire est racontée hier dans
le *South China Morning Post*,
le très sérieux quotidien anglophone de Hong Kong, et
se déroule… dans ses propres bureaux.
Le journal vient d'emménager dans de nouveaux locaux
et pour apaiser ses employés convaincus de la présence
d'un "fantôme", il a finalement fait appel à ces moines
spécialisés, qui ont organisé une cérémonie d'exorcisme
mardi en présence du propriétaire du journal,
du directeur de la rédaction, et du personnel au complet.
Un des moines a confirmé avoir senti une présence
dans les toilettes : "L'esprit voulait reposer en paix
et a appelé à l'aide en faisant connaître sa présence",
a-t-il dit, précisant qu'il se produisait plusieurs dizaines
de cérémonies similaires chaque année à Hong Kong.
Il y a vingt ans, il avait fallu cinquante moines pour venir
à bout des fantômes dans l'ex-bâtiment de la Banque de
Chine. Le quotidien accompagne son compte rendu
d'une interview de psychologue expliquant
que les histoires de fantômes refont surface

dans les périodes de transition et d'incertitude.
Cela n'explique pas ce que faisait le fantôme
dans les toilettes des femmes. »

Pierre Haski, « Fantôme voyeur »,
Libération, 22 mars 2001

19

Fenêtre sur cour

Au-delà du couple mythique que forment à l'écran James Stewart et Grace Kelly (quintessence de la blonde hitchcockienne), *Fenêtre sur cour* est sans doute l'un des films de Hitchcock sur lequel on a le plus écrit. Pas uniquement parce qu'il a été un très gros succès commercial. Aussi parce qu'il semble contenir toutes les obsessions du cinéaste. Et plus encore peut-être, parce qu'il énonce, par une habile grammaire, que, par essence, le cinéma est voyeurisme.

Le film commence par un plan fixe sur la fenêtre ouverte d'un appartement donnant sur une cour, qu'on devine derrière des stores en bambou qu'une main invisible ouvre petit à petit, révélant le décor qu'on ne quittera plus. Façades de briques rouges sur lesquelles s'accrochent les escaliers métalliques de secours, minuscule carré de pelouse rase et miraculeusement verte, parterre de fleurs, palissades, et, tout juste, l'ouverture d'une ruelle dans un coin. Trente et un appartements qui s'éveillent peu à peu, dans la promiscuité d'un voisinage clos. L'été, à Greenwich Village, est caniculaire, toutes les fenêtres sont ouvertes, les habitants en quête du moindre souffle d'air.

En un travelling avant, la caméra donne à voir tous les faits et gestes quotidiens de ce microcosme partiellement dépouillé de son intimité : un chat noir qui traverse la cour, un homme qui se rase, un couple qui se réveille tête-bêche sur l'escalier de secours (ils ont sorti leur matelas pour dormir dehors), une jeune femme qui prépare le café en sous-vêtements… Puis elle revient à son point de départ : l'intérieur de l'appartement de L. B. Jefferies, dit Jeff. Gros plan sur son visage, les yeux fermés, le front en sueur, le sommeil agité. Puis plan plus large, le pyjama, le fauteuil roulant, la jambe plâtrée jusqu'au bassin, un appareil photo pulvérisé posé comme un trophée sur une étagère, une photo saisissant depuis la piste l'impact imminent d'un accident sur un circuit automobile, d'autres clichés chocs encadrés. On comprend que Jefferies est un photographe de presse, immobilisé pour une longue convalescence, son monde soudain réduit aux dimensions de la fenêtre que vient de traverser la caméra.

« Depuis six semaines, je suis coincé dans un appartement de deux pièces avec rien d'autre à faire que de regarder ce qui se passe chez les voisins », se lamente-t-il. Il a même sorti ses jumelles et son téléobjectif.

Stella, l'infirmière qui vient chaque jour pour ses soins, n'a pas peur des mots et l'accuse de voyeurisme : « Vos yeux sont tout injectés. Vous avez dû regarder par la fenêtre pendant des heures. » Elle l'avertit que « dans l'État de New York les voyeurs sont punis de six mois de prison » et qu' « il n'y a pas de fenêtre dans les prisons. Dans le temps, aux voyeurs, on brûlait les yeux avec une barre de fer chauffée à blanc. De nos jours s'il fallait brûler les yeux de tous les voyeurs de la Terre, je crois bien qu'on manquerait de fer. Il y a presque autant de voyeurs que de femmes et d'hommes. » Il se défend. L'infirmière prophétise et prédit un drame : « Vous vous cassez la jambe alors vous regardez par la fenêtre des choses que vous ne devriez pas voir. »

Et en effet, à force d'observation, Jeff en est persuadé : Thorwald, son voisin d'en face, vient de tuer sa femme, de découper le corps et nuitamment de le disperser à travers la ville. Lisa, sa fiancée, doute : « Regarder par la fenêtre pour tuer le temps est distrayant mais le faire comme vous le faites avec des jumelles, pour forger des idées malsaines à propos de tout ce que vous voyez est insensé. »

S'il y a bien cette fraîche danseuse dont les petites tenues et les arabesques portent volontiers à la concupiscence, comme on est chez Hitchcock, la tension sexuelle est habilement camouflée sous le suspense. Peut-être pour justifier le propre penchant du Maître, légitimé par son art, comme Jefferies l'est par son métier de photographe. Immobilisé, impuissant, il est pourtant rhabillé de ses attributs professionnels (dont cet énorme téléobjectif ostensiblement phallique), et peut retourner mater pour la bonne cause.

De même, Doyle, l'ami détective qu'il a appelé à la rescousse, le prévient : « C'est une vie privée secrète que tu as observée de ta fenêtre et la plupart des gens font dans le privé des choses qu'ils seraient incapables d'expliquer en public. » Alors Jeff doute : « Doyle a peut-être raison quand il dit que la vie privée a ses secrets. Je me demande s'il est très normal d'épier un homme chez lui avec des jumelles et un téléobjectif. »

Mais cela ne durera pas, l'hypothèse d'un crime à dévoiler justifiant finalement les moyens, le voyeur reprend son poste. Mais, à présent, il n'est plus seul. Comme l'écrit Serge Koster dans *Les Blondes flashantes d'Alfred Hitchcock*, « le voyeurisme opère par contagion. Rebelle aux brigues nuptiales, l'homme ouvre une brèche dans son système de défense en convertissant sa femme à la fascination pour l'assassinat qu'il suppose s'être commis dans la chambre de l'autre côté de la cour[1]. » Jeff a convaincu Lisa, désormais prête à légitimer le voyeurisme de son promis, mais non sans s'inquiéter de devenir transparente à force d'être trop offerte. De fait, Jeff a pour lui celle que tout le monde convoite, mais n'a d'yeux que pour l'intimité des autres. « Il ne me reste plus qu'à m'installer dans un appartement en face et à exécuter la danse des sept voiles toutes les heures », lâche la belle, fataliste et lucide, avant d'annoncer en baissant les stores que « le spectacle est fini pour ce soir ». Puis, prenant les choses en main, elle assène : « Passons à d'autres attractions. » On se prend alors à espérer que la suggestion ne restera pas sans effet et que le regard de l'homme (impuissant ?) se détournera des vies d'en face pour se recentrer sur l'« objet » qu'il devrait légitimement convoiter et qui, surtout, est pleinement consentant. Et c'est peut-être bien là que le bât blesse.

Car finalement, comme l'écrivent Claude Chabrol et Éric Rohmer, résumant *Fenêtre sur cour* pour *Les Cahiers du cinéma* : « Un homme

1. Serge Koster, *Les Blondes flashantes d'Alfred Hitchcock*, Léo Scheer, 2013.

regarde et attend, pendant que nous regardons cet homme et attendons ce qu'il attend. » Et ce que cet homme attend – et le spectateur avec lui, donc –, ce n'est pas admirer Grace Kelly, mais qu'elle s'en aille pour qu'il puisse observer ses voisins malgré eux. Dans la bande-annonce, James Stewart face caméra invite le spectateur à partager sa pulsion voyeuriste : « Ce sont quelques-uns de mes voisins. J'ai commencé à les épier pour tuer le temps, mais je me suis pris au jeu. Et vous vous y prendrez aussi. » Spectateurs et tous voyeurs, le message est clair. Ce que confirme Hitchcock dans ses entretiens avec Truffaut quand les entretiens que mène ce dernier se portent sur le quarantième film du réalisateur. « Oui l'homme était un voyeur, mais est-ce que nous ne sommes pas tous des voyeurs ? [...] Je vous parie que neuf personnes sur dix, si elles voient de l'autre côté de la cour une femme qui se déshabille avant d'aller se coucher, ou simplement un homme qui fait du rangement dans sa chambre, ne pourront s'empêcher de regarder. Elles pourraient détourner le regard en disant : "Cela ne me concerne pas", elles pourraient fermer leurs volets, eh bien ! elles ne le feront pas, elles s'attarderont pour regarder. » Raison sans doute pour laquelle Jefferies n'a rien à répondre à l'assassin quand ce dernier lui lance : « Que voulez-vous de moi ? » Il n'a d'autre motif que sa curiosité, irrépressible, morbide même, si l'on en croit certains critiques à la sortie du film[1]. Curiosité qui est aussi la nôtre. La cour est un condensé de vies à la Perec que la chaleur livre sur un plateau à l'indiscrétion. Le cinéaste, qui a habilement choisi sa saison, amène le spectateur à regarder celui qui regarde et à voir ce qu'il voit. Jusqu'au seuil de la chambre à coucher et au-delà…

Subterfuge qu'Hitchcock poussera à son paroxysme quelques années plus tard avec *Psychose*, où le spectateur adopte le regard de l'inquiétant Norman Bates, dans son motel, l'œil collé au trou qu'il a percé dans la cloison séparant son bureau de la salle de bains de la chambre voisine où se déshabille son unique cliente, qu'il va poignarder sous sa douche lors d'une scène désormais iconique. Et le Maître étant joueur, Bates cache le trou derrière un tableau rappelant *Suzanne et les vieillards*, de Rubens.

---

1. Voir notamment Bosley Crowther, « A Rear Window View Seen at the Rivoli », *New York Times*, 5 août 1954.

20

L'œil rivé à l'écran

Hitchcock n'est pas le seul à flirter avec le voyeurisme, à la fois diablement attirant, transgressif et tellement cinégénique. La question du regard (et du regardant) questionne tout logiquement la photographie et bien sûr le cinéma.

En janvier 2023, LaCinetek (site indispensable aux cinéphiles) ne s'y trompe pas et propose à ses abonné·e·s une sélection thématique ainsi présentée : « LaCinetek vous invite à une plongée dans les eaux troubles du voyeurisme. Qu'il s'agisse du plaisir de regarder sans être vu ou du désir de soumettre l'autre par le regard, la pulsion scopique est omniprésente au cinéma. En sondant la relation intime qu'on peut entretenir avec le regard, les dix films de la sélection questionnent l'acte de filmer et la place du spectateur, et offrent également une réflexion autour de la prolifération des écrans dans nos sociétés contemporaines. Ce mois-ci, dix films qui mettent en abyme le cinéma pour mieux l'interroger et auscultent, en miroir, le voyeurisme des cinéastes et celui des spectateurs. » Une sélection de dix films donc, pour illustrer différentes nuances du sujet, parmi lesquels :

— *Sexe, mensonges et vidéos*, de Steven Soderbergh, Palme d'or à sensation au Festival de Cannes de 1989. L'histoire de Graham Dalton, un jeune homme impuissant qui, armé de son caméscope, filme des femmes qui lui livrent l'intimité de leurs pratiques sexuelles et de leurs fantasmes. Des vidéos que lui seul visionne, en privé, en se donnant du plaisir ;

— *Panique* (1946), de Julien Duvivier, librement adapté des *Fiançailles de M. Hire*, de Georges Simenon, « une fable tragique sur la cruauté humaine et le voyeurisme impitoyable des foules », et *Monsieur Hire* (1989), de Patrice Leconte, qui livre sa vision de l'histoire ;

— *Une sale histoire* (1977), de Jean Eustache, « film-somme sur la perversion voyeuriste tout autant qu'une réflexion saisissante sur l'essence du cinéma et la mise en scène du réel » ;

— *Le Diabolique Docteur Mabuse* (1960), de Fritz Lang, œuvre visionnaire qui dépeint un microcosme où l'intimité est soumise au regard constant de caméras de surveillance, élargissant le thème du voyeurisme à ses fonctions de contrôle et de surveillance ;

— *Caché* (2005), de Michael Haneke, réflexion sur l'époque qui voit naître la multiplication des écrans, dans laquelle un présentateur télé et père de famille reçoit des cassettes vidéo anonymes de sa maison filmée depuis la rue ;

— *La Mort en direct* (1980), de Bertrand Tavernier, qui met en scène un des fantasmes voyeuristes parmi les plus sombres : un homme, recruté par une émission de télé-réalité, se fait greffer une caméra à la place de l'œil pour pouvoir filmer en direct la mort d'une femme (Katherine Mortenhoe).

Et, point d'orgue indéniable de cette sélection, *Le Voyeur*, de Michael Powell (1959), film précurseur du *giallo* et du *slasher*, qui plonge, sans ménagement, le spectateur dans l'univers malsain et effrayant de Mark Lewis, jeune caméraman timide et solitaire, passionné d'images jusqu'à l'obsession, dévasté par ses pulsions scopiques meurtrières. Un film profondément dérangeant qui s'ouvre sur un plan subjectif plaçant d'emblée le spectateur dans la peau du tueur (c'est une première). La caméra toujours à portée de main, comme un prolongement de lui-même, Mark dit à ses futures victimes tourner un documentaire, mais en réalité, il traque la peur de la mort (la peur ultime) sur le visage des jeunes femmes qu'il filme au moment où il les tue. Homme-caméra, Mark reste l'enfant traumatisé que son père, biologiste en manque de cobayes, a utilisé pour ses expériences. Il est ainsi condamné à tuer pour tenter de capter le reflet de sa propre peur dans les yeux de ses victimes, quête stérile d'une impossible image de lui-même.

Tout comme Norman Bates dans *Psychose*, sorti la même année, Mark Lewis n'épie, ne traque et ne tue que des femmes. Mais si Hitchcock pose un discours psychanalytique sur la folie de son personnage (diagnostiqué schizophrène), Powell, lui, disqualifie tous les discours d'autorité par une approche directe, dépassionnée et volontairement amorale de la perversion de Mark, réussissant à créer un sentiment d'empathie à peine avouable chez le spectateur. Le résultat est un film morbide, étrange et sulfureux, violemment exécuté par la critique à sa sortie, et que le scandale condamnera de longues années aux réseaux clandestins.

Car si, comme l'affirmait Hitchcock, en chacun de nous sommeille un voyeur, nous sommes peu nombreux finalement à être prêts à se le voir signifier.

Éclat de voix

« Louis-Ferdinand Céline venait au 31, cité d'Antin,
se payer des jetons de mate. À l'abri d'une glace
sans tain, il assistait aux ébats sexuels
de son amie Élisabeth Craig, celle à qui il a dédié
le *Voyage au bout de la nuit*.
C'était son truc à Ferdinand, il ne s'en est jamais caché.
Il était voyeur. »

Alphonse Boudard, *La Fermeture*

« Quand on s'est connus davantage,
c'est lui qui m'a tout raconté. Il m'a montré le système
pour regarder par les gogs,
pour voir les gonzesses pisser,
sur notre palier même, deux trous dans le montant
de la porte. Il remettait des petits tampons. Comme ça,
il les avait toutes vues, et madame Gorloge aussi,
c'était même elle la plus salope, d'après ce qu'il avait
remarqué, la façon qu'elle retroussait ses jupes. »

Louis-Ferdinand Céline, *Mort à crédit*

21

L'œil torve de Tichý

S'il y a de grands blancs dans la chronique du voyeurisme, jusque dans les fiches roses discrètement classées dans les annales de la brigade de répression du proxénétisme (anciennement brigade des mœurs ou mondaine), c'est pourtant au siège de cette célèbre brigade que Jean-Pierre de Lucovich, un journaliste de *Paris Match*, corsaire des coulisses et des salons, pilier de Castel et mondain en reportage[1], fera une étonnante découverte.

On est en mars 1994 et il accède au Saint des Saints, le bureau 608 de la rue de Lutèce, une pièce de taille modeste, transformée en musée : « Entrée gratuite, mais interdite, sauf sur autori-

1. Jean-Pierre de Lucovich, *People bazaar. Souvenirs d'un infiltré dans le beau monde, 1950-2000*, Séguier, 2016.

sation du cabinet du préfet. » La pièce est fermée pour éviter les vols, l'étrange, même tirant sur le glauque, ayant ses collectionneurs. Dans une des chroniques de son *People bazaar* (« Le musée noir de la Mondaine », entre « Dîner de conchis à Key West » et « Carla avant Nicolas »), le reporter mondain raconte comment il pénètre alors sous escorte dans cette sorte de « sex-shop hallucinant où s'aligne, s'entasse tout ce qui a été saisi pendant des années par les flics de la brigade au cours de leurs descentes ». Et, parmi des dizaines de godemichets affolants, d'instruments bizarres et de machines de plaisir invraisemblables, de photos écœurantes et de vidéos infectes qui font virer la gaudriole à l'aigre (torture, pédocriminalité...), un trophée saillant : un prototype singulier de canne-espion, « enveloppée dans du papier journal pour qu'on ne la remarque pas et dont le bout est équipé d'un minuscule appareil photo ». Son inventeur, ingénieux obsessionnel, « suivait les femmes dans les rues et les cafés de Paris » et photographiait sous leur jupe. « Des photos souvent floues, ratées, mais pas pour lui. » Le flic de la BRP explique alors au journaliste que l'individu (on parle comme ça dans la police) collait ensuite les clichés, qu'il développait lui-même, dans un cahier quadrillé et légendait soigneusement. Par exemple : « Comme j'aimerais emmener cette jeune fille à l'hôtel. Là, je découperais sa culotte avec mes ciseaux. » Ou : « Femme portant une jupe tailleur. Elle avait pourtant les jambes bien écartées, mais la lumière manquait. » Organisé, il semble avoir œuvré impunément dans les rues, le temps de charpenter une collection, avant de se risquer dans les toilettes des cafés, pour de meilleurs clichés. Où un jour « une femme, surprise, avait hurlé. L'homme avait été arrêté ». Et la canne confisquée, remisée. Visiblement songeur devant ce butin baroque, Jean-Pierre de Lucovich se questionne. « J'essaie d'imaginer son inventeur. S'il est toujours en vie aujourd'hui, il a un portable et une perche à selfie. »

Pour ma part, le dispositif scabreux, l'obsession, la méthode, les photos volées et floues me renvoient à un autre « artiste » du voyeurisme, Miroslav Tichý. D'abord peintre, ancien élève de l'Académie des beaux-arts de Prague, un peu cubiste et un peu impressionniste, il abandonne la peinture pour le dessin, avec les femmes comme thème exclusif. Miroslav explique qu'il regarde les femmes pour échapper à la dictature. Mais, rapidement, dessiner des femmes, fussent-elles nues, ne lui suffit plus. « Je cherchais un autre moyen. Avec la photographie, j'ai trouvé quelque chose de nouveau, un nouveau monde[1]. » Alors

1. *Miroslav Tichy* by Octopus – Issuu.com

Miroslav photographie. Des femmes. Tout le temps. Des femmes dans les rues de Kyjov ou à la piscine municipale. Des femmes sous tous les angles, intimes ou quotidiens, volés le plus souvent. Car Miroslav Tichý travaille en voyeur : dégainant son appareil, bricolé à partir de matériaux au rebut, il photographie à la sauvette, sans viser, sans cadrer. Tichý ne vise pas, mais regarde en coin. Le photographe a le regard tordu. Celui que l'on surnommera « l'Homme à la mauvaise caméra » se dit capable, par ce moyen, de « prendre une hirondelle en plein vol ». La lentille, souvent un verre optique pour lunettes poli au dentifrice ou à la cendre de cigarettes, n'est pas très précise bien sûr. Les clichés, qu'il retouche lui-même au crayon, sont immanquablement flous, sous-exposés. « C'est peut-être ça le comble de l'art », dit-il volontiers, en riant, à ceux que ça intéresse.

Pendant près de trente ans, inlassablement, compulsivement, Tichý photographie des femmes. Des photos prises en cachette et développées en secret. Plus de cent par jour au début (en moyenne, trois pellicules de trente-six poses), format 60 millimètres coupé en deux par souci d'économie.

Des femmes qui marchent, saisies de dos. Debout, accroupies, allongées. Des jambes croisées, des cuisses dévoilées par le pan d'une jupe qui se soulève, des chevilles, des dos, des fesses, des seins nus. Des femmes qui bronzent ou se baignent, fument à la fenêtre, courent ou attendent, rient. Des femmes, surtout, qui ne se doutent de rien – à part quelques-unes, rares, qui captent l'objectif, acceptent de s'exposer et posent.

Dans ce monde de femmes attrapées par bribes et morceaux, les corps n'ont pas toujours de visage, les visages n'ont jamais de nom. Un amoncellement de pièces détachées qui crée l'abstraction, renforcée par le flou, le noir et blanc trouble des clichés, qui n'ont jamais de titre.

Faisant le choix de l'isolement social et culturel face au régime en place, définitivement à rebours de l'idéologie en vigueur, considéré comme subversif, Tichý est souvent en délicatesse avec les autorités, régulièrement expulsé ou interné entre les années 1960 et 1970.

Et puis, au début des années 1990, Tichý arrête de créer : « J'avais une norme, tant de clichés par jour, tant tous les cinq ans. Et quand j'ai eu rempli mon plan, j'ai arrêté[1]. » Un plan composé de milliers de clichés, que le photographe ne trie pas, ne regarde plus. Un plan achevé, mais laissé en friche, en vrac. On dit même qu'il allumait le feu avec parfois, sans considération.

Il faudra attendre la fin des années 1990 pour que son travail soit reconnu. Une première

1. Voir le documentaire de Natasa von Kopp, Worldstar, 2007.

exposition à la Biennale de Séville en 2004, une rétrospective à la Kunsthaus de Zurich en 2005, les Rencontres photographiques d'Arles la même année, qui lui attribuent le prix « Découverte », une grande exposition (et son catalogue) au Centre Georges-Pompidou en 2008.

Puis en 2011, Miroslav Tichý meurt et le personnage s'efface définitivement derrière ses clichés, gestes tordus, mais émouvants désormais définitifs, la question de la pulsion scopique muséifiée, comme si c'était sa place. Ou un élément de réponse.

Quand nous contactons la fondation qui gère ses droits afin de demander l'autorisation de reproduction de quelques clichés pour illustrer le propos, la réponse est d'ailleurs pleine de précautions, mais sans appel, confirmant sans détour (mais sans complètement le vouloir) qu'il y a bien une pente à lisser :

« Nous apprécions l'intérêt que vous portez à l'œuvre de Tichý.

Toutefois, après mûre réflexion, nous avons le regret de vous informer que nous ne pouvons accepter l'inclusion de photos dans ce livre.

Nous pensons que sa représentation penche trop fortement vers le voyeurisme, sans une réflexion suffisante sur les aspects artistiques et les motivations sous-jacentes. Nous espérons que vous comprenez notre position sur cette question et nous vous remercions de respecter notre décision.

Nous vous remercions de votre compréhension. »

Il n'y aura donc pas de photo de Tichý dans ce livre. Parce que le penchant du bonhomme y apparaît encore trop derrière le geste officiellement (et exclusivement) artistique. En fait, on nous l'explique, le voyeur était un artiste. Point.

22

En guise de conclusion

C'est une drôle d'histoire, alors forcément au final ce fut une drôle d'enquête. Entre un point de départ qui refuse d'être clairement établi, des témoins qui se dérobent, des professionnels qui ne peuvent pas dire grand-chose de cet étrange sujet qui navigue pourtant, depuis toujours, dans l'imaginaire occidental entre fascination et répulsion. Une histoire de tabou sans point d'ancrage, sans trace ni témoin. Une histoire d'ombres persistantes et de silences assidus, dont les fils semblent longtemps répugner à se dénouer. Une histoire de regards en biais, collés au mauvais endroit, mais qu'on s'obstine à ne pas vouloir voir, et encore moins punir. Une histoire de mutisme et d'aveuglement, de silence volontaire, pour ne pas dire coupable, et de violence mal définie et mal combattue.

Alors j'ai eu des moments de doute et de découragement, de colère et d'envie de juger. L'impression de fouiller un inconscient collectif qui ressemble par endroits à une poubelle. La tentation du refus d'obstacle, de l'abandon d'un sujet poisseux et gluant. Et ce silence toujours…

Mais quand même de cette brume dans laquelle je me suis parfois sentie perdue, quelques éléments ont fini par émerger.

Une immense majorité des voyeurs sont des hommes, la quasi-totalité de leurs victimes sont des femmes. Encore une affaire de domination, en somme. Les innovations technologiques (téléphones portables, caméras miniatures, etc.) vont faire évoluer la pratique du voyeurisme et lui permettre de se répandre. Fini le voyeur rivé à sa serrure, solitaire et marginal : le voyeurisme est désormais viral et se répand comme une traînée de poudre grâce aux réseaux sociaux. Le voyeurisme a presque toujours échappé à la férule de la loi – parfois même à celle de la morale –, mais aujourd'hui la loi bouge (un peu), rapprochant enfin le voyeurisme de la question des violences sexuelles.

Je repense à Maryvonne Chapalain, à son travail qui ressemble à un combat, au temps qu'elle consacre à ce sujet, aux pistes qu'elle a tenté d'ouvrir, et je remarque que la liste de contacts qui m'ont été donnés dans cette enquête était composée presque exclusivement de femmes. Comme si seules les femmes pensaient que le voyeurisme était un problème. Comme si seules les femmes prenaient le temps de se poser la question. Comme si seules les femmes percevaient l'écho tenace que contient ce sujet.

Comme si seules les femmes comprenaient que le voyeurisme n'avait rien d'anecdotique, d'amusant même, mais que c'est bien un des nombreux noms que peuvent prendre les violences sexuelles et, plus largement, le vaste continent de la domination masculine.

Mais qu'il est difficile d'analyser un fantasme sans porter un jugement moral sur une pratique.

Qu'il est dur de qualifier l'intangible.

Qu'il est dur de séparer l'homme de l'artiste.

Qu'il est compliqué de conclure et de dire stop.

Bibliographie

Benoliel (Bernard), Esposito (Gilles), Joudet (Murielle), Rauger (Jean-François), *Hitchcock, la totale. Les 57 films et 20 épisodes TV expliqués*, Éditions EPA, 2019.

Bier (Christophe), *Obsessions*, Le Dilettante, 2017.

Bihl (Laurent), « "L'œil était dans la tombe et regardait le câlin". Approche intermédiale du voyeur et du voyeurisme de la caricature à la bande dessinée (XIXe-XXe siècles), *in* Frédéric Chauvaud *et al.* (dir.), *À coups de cases et de bulles. Les violences faites aux femmes dans la bande dessinée*, Presses universitaires de Rennes, 2023.

Boudard (Alphonse), *La Fermeture. 13 avril 1946 : la fin des maisons closes*, Robert Laffont, 1986.

Cancès (Claude), Frachon (Mathieu), *L'ancien patron du 36, quai des Orfèvres raconte la brigade mondaine*, Pygmalion, 2014.

Dominguez Leiva (Antonio), *Pensionnats sadiques*, Le Murmure, 2015.

L'Égalité des sexes dans le système de justice au Canada. Document récapitulatif et propositions de mesures à prendre, Groupe de travail fédéral-provincial-territorial des procureurs généraux sur l'égalité des sexes dans le système judiciaire canadien (ministère de la Justice du Canada), 1992.

Géraud (Alice), *Sambre. Radioscopie d'un fait divers*, JC Lattès, 2023.

Abel (Gene G.) et Rouleau (Joanne-L.), « The Nature and Extent of Sexual Assault », *in* W. L. Marshall *et al.* (eds.), *Handbook of Sexual Assault. Applied Clinical Psychology*, Springer, 1990.

Hanson (R. Karl), Harris (Andrew), « Voyeurism : Assessment and Treatment », *in* D. Richard Laws, William T. O'Donohue (eds.), *Sexual Deviance : Theory, Assessment, and Treatment*, The Guilford Press, 1997.

Hennig (Jean-Luc), *Le Voyeur. Enquête sur une passion singulière*, Albin Michel, 1981.

Hitchcock/Truffaut, édition définitive, Gallimard, 1993.

Koster (Serge), *Les Blondes flashantes d'Alfred Hitchcock*, Éditions Léo Scheer, 2013.

Lennon (J. Robert), *Mailman*, Monsieur Toussaint Louverture, 2014.

Lucovich (Jean-Pierre de), *People bazaar. Souvenirs d'un infiltré dans le beau monde, 1950-2000*, Séguier, 2016.

Rosenthal (Olivia), *Un singe à ma fenêtre*, Éditions Verticales, 2022.

Simenon (Georges), *Les Fiançailles de M. Hire*, Fayard, 1933.

Talese (Gay), *Le Motel du voyeur*, Éditions du sous-sol, 2016.

Table des matières

PARUS DANS
LA BÊTE NOIRE

NOÉMIE ADENIS
Le Loup des ardents (Grand Prix des Enquêteurs 2021)
Le Jardin des anatomistes

KATERINA AUTET
La Chute de la maison Whyte (Grand Prix des Enquêteurs 2020. Prix littéraire de la Renaissance française 2020)
Les Deux Morts de Charity Quinn

CÉDRIC BANNEL
Baad (Prix du Meilleur Polar des lecteurs de *Points* 2017)
Kaboul Express
L'Espion français

JACQUES-OLIVIER BOSCO
Brutale
Coupable

RHYS BOWEN
Son Espionne royale
Tome 1, *Son Espionne royale mène l'enquête*
Tome 2, *Son Espionne royale et le mystère bavarois*
Tome 3, *Son Espionne royale et la partie de chasse*
Tome 4, *Son Espionne royale et la fiancée de Transylvanie*
Tome 5, *Son Espionne royale et le collier de la reine*
Tome 6, *Son Espionne royale et les douze crimes de Noël*
Tome 7, *Son Espionne royale et l'héritier australien*
Tome 8, *Son Espionne royale et la reine des cœurs*
Tome 9, *Son Espionne royale et les conspirations du palais*
Tome 10, *Son Espionne royale et le baron irlandais*

Tome 11, *Son Espionne royale au service de Sa Majesté*
Tome 12, *Son Espionne royale, quatre enterrements et peut-être un mariage*

FRANCK CALDERON, HERVÉ DE MORAS
Là où rien ne meurt

JULIA CHAPMAN
Les Détectives du Yorkshire
Tome 1, *Rendez-vous avec le crime*
Tome 2, *Rendez-vous avec le mal*
Tome 3, *Rendez-vous avec le mystère*
Tome 4, *Rendez-vous avec le poison*
Tome 5, *Rendez-vous avec le danger*
Tome 6, *Rendez-vous avec la ruse*
Tome 7, *Rendez-vous avec la menace*
Tome 8, *Rendez-vous avec le diable*
Tome 9, *Rendez-vous avec la justice*

JEAN-CHARLES CHAPUZET
Bandit

KAREN CLEVELAND
Toute la vérité

DANIEL COLE
Ragdoll
Tome 1, *Ragdoll* (Prix Griffe noire du polar de l'année 2017)
Tome 2, *L'Appât* (Prix Bête noire des libraires 2018)
Tome 3, *Les Loups*
Pietà
Jackdaw

COLLECTIF, SOUS LA DIRECTION DE LISETTE LOMBÉ, ELVIRA MASSON, FABRICE ROSE ET DELPHINE DE VIGAN
Histoires de femmes – Les Ondes

SANDRONE DAZIERI
Tu tueras le Père
Tu tueras l'Ange
Tu tueras le Roi
La Danse du gorille
Le mal que font les hommes

LARA DEARMAN
La Griffe du diable
L'Île au ciel noir

ALAIN DECKER
Derrière le brouillard (Grand Prix des Enquêteurs 2023)

INGRID DESJOURS
Les Fauves
La Prunelle de ses yeux

CLAIRE FAVAN
Serre-moi fort (Prix Griffe noire du meilleur polar français 2016)
Dompteur d'anges
Inexorable

REBECCA FLEET
L'Échange
La Seconde Épouse

DOMINIQUE FORMA
Coups de vieux

OLIVIER GALLIEN
Dans la neige ardente (Prix Bête noire des libraires 2022)
Sève

LAURENT GUILLAUME
Les Dames de guerre : Saïgon, tome 1

AMY GENTRY
Les Filles des autres
De si bonnes amies

MARIA GRUND
La Fille-renard

PATRICE GUIRAO
Le Bûcher de Moorea
Les Disparus de Pukatapu
Rivage obscur

L. S. HILTON
Maestra
Domina
Ultima

INGAR JOHNSRUD
Les Adeptes
Les Survivants

ELIZABETH KEY
Sept mensonges

QUNTOS KUNQUEST
Cette vie-là – Les Ondes

MATHIEU LECERF
La Trilogie du démon
La Part du démon (Prix Bête noire des libraires 2021. Prix Nouvelles Voix du polar 2022, roman français)
Au Royaume des cris
La Mort dans l'âme

SARA LÖVESTAM
Chacun sa vérité (Grand Prix de littérature policière 2017, domaine étranger. Prix Nouvelles Voix du polar 2018, roman étranger)

Ça ne coûte rien de demander
Libre comme l'air
Là où se trouve le cœur

FABIO MITCHELLI
Une forêt obscure
Le Tueur au miroir
Le Loup dans la bergerie (Prix Méditerranée Polar 2021)

NADINE MONFILS
Les folles enquêtes de Magritte et Georgette
Nom d'une pipe !
À Knokke-le-Zoute !
Les Fantômes de Bruges
Liège en eaux troubles
Leffe-toi et marche
Charleroi du crime
À Montmartre

NICOLE NEUBAUER
Sous son toit

VINCENT ORTIS
Pour seul refuge (Grand Prix des Enquêteurs 2019)
Patiente

GIN PHILLIPS
Le Zoo (Prix Transfuge du meilleur polar étranger 2017)

ANTOINE RENAND
L'Empathie (Prix des lecteurs Gouttes de Sang d'Encre 2019. Prix Nouvelles Voix du polar 2020, roman français)
Fermer les yeux
S'adapter ou mourir
L'Empathie, tome 2

FABRICE ROSE
Tel père, telle fille (Prix Bête noire des libraires 2020)
Le Plan
Pourchassés

RYDAHL & KAZINSKI
La Mort d'une sirène

ROMAIN SLOCOMBE
La Trilogie des collabos
L'Affaire Léon Sadorski (Prix Libr'à Nous 2017, catégorie polar)
L'Étoile jaune de l'inspecteur Sadorski
Sadorski et l'Ange du péché
La Trilogie de la guerre civile
La Gestapo Sadorski
L'inspecteur Sadorski libère Paris
J'étais le collabo Sadorski

THIBAUT SOLANO
Les Noyés du Clain
Les Dévorés

DOMINIQUE SYLVAIN
Panique en Armorique
Périlleuses Pyrénées

CLÉMENTINE THIEBAULT
En votre intime conviction – Les Ondes

DATO TOURACHVILI
Génération denim – Les Ondes

DANIELLE TRUSSONI
Le Maître des énigmes

Ilaria Tuti
Sur le toit de l'enfer (Prix Bête noire des libraires 2019. Prix Nouvelles Voix du polar 2020, roman étranger)
La Nymphe endormie
À la lumière de la nuit
Fille de cendre

Harriet Tyce
Blood Orange
Tu mens comme tu respires

Damien et Sibylle Véron
Tiphaine où es-tu ? – Les Ondes

Adrienne Weick
La Septième Diabolique (Grand Prix des Enquêteurs 2022)

Annette Wieners
Cœur de lapin

Ce livre existe grâce au travail de toute une équipe.

Communication : Caroline Babulle, Solveig de Plunkett, Victoire Brulon, Inès Paulin, Adélaïde Yvert.

Coordination administrative : Martine Rivierre.

Studio : Pascaline Bressan, Barbara Cassouto-Lhenry, Joël Renaudat.

Fabrication : Muriel Le Ménez, Céline Ducournau, Bernadette Cristini, Sophia Paroussoglou, Isabelle Goulhot.

Commercial, relation libraires et marketing : Catherine Lauprêtre, Naïma Ruan, Anne-Laure Heugel, Élise Iwasinta, Armand Jamme, Julie Audouard, Joséphine Saint-Paul, Aurélie Scart.

Cessions de droits : Elisabeth Stempak, Benita Edzard, Lucile Besse, Sonia Guerreiro, Costanza Corri.

Gestion : Sophie Veisseyre, Isabelle Déxès.

Services auteurs : Viviane Ouadenni, Jean-François Rechtman, Catherine Reimbold, Anita Sevenant.

Ainsi qu'à toutes les équipes d'Interforum et d'Editis qui participent à la création, la diffusion et la distribution de ce livre.

Canoros Vehit Canentes

Composition et mise en pages
Nord Compo à Villeneuve-d'Ascq

Pour plus d'information :

#lisez! engagé
www.lisez.com

Imprimé sur du papier issu de forêts gérées durablement.

Cet ouvrage a été achevé d'imprimer en mars 2024
sur les presses de Normandie Roto Impression s.a.s.
61250 Lonrai (Orne)
N° d'édition : 66858/01 - N° d'impression : 2401106

Imprimé en France